KÖNIGS ERLÄUTERUNGEN

Band 216

Textanalyse und Interpretation zu

Annette von Droste-Hülshoff

DIE JUDENBUCHE

Winfried Freund

Alle erforderlichen Infos für Abitur, Matura, Klausur und Referat
plus Musteraufgaben mit Lösungsansätzen

Bange Verlag

Zitierte Ausgaben:
Droste-Hülshoff, Annette von: *Die Judenbuche. Ein Sittengemälde aus dem gebirgichten Westfalen.* Husum/Nordsee: Hamburger Lesehefte Verlag, 2011 (Hamburger Leseheft Nr. 15, Heftbearbeitung F. Bruckner und K. Sternelle). Zitatverweise sind mit **HL** gekennzeichnet.

Droste-Hülshoff, Annette von: *Die Judenbuche. Ein Sittengemälde aus dem gebirgichten Westphalen.* Anmerkungen von Walter Huge. Stuttgart: Philipp Reclam jun., durchgesehene Ausgabe 2010 (Reclams Universal-Bibliothek Nr. 1858). Zitatverweise sind mit **R** gekennzeichnet.

Über den Autor dieser Erläuterung:
Winfried Freund, Dr. phil. habil, Professor für neuere deutsche Literatur und Literaturdidaktik an der Universität Paderborn. Wichtigste Buchveröffentlichungen: Die deutsche Kriminalnovelle, 1975; Die deutsche Ballade, 1978; Die literarische Parodie, 1981; Das zeitgenössische Kinder- und Jugendbuch, 1982; Storm: Der Schimmelreiter, 1984; Theodor Storm, 1986; Literarische Phantastik, 1990; Deutsche Lyrik, 1990; Deutsche Märchen, 1996; Annette von Droste-Hülshoff – Was bleibt, 1997; Annette von Droste-Hülshoff, 1998; Novelle, 1998; Deutsche Phantastik, 1999; Deutsche Literatur – Schnellkurs, 2000; Novalis, 2001.

4. Auflage 2020
ISBN: 978-3-8044-1990-2
PDF: 978-3-8044-5990-8, EPUB: 978-3-8044-6990-7

Titelbild: Buche im Saba-Urwald © Harald Bethke
Druck und Weiterverarbeitung: Tiskárna Akcent, Vimperk

1. DAS WICHTIGSTE AUF EINEN BLICK – SCHNELLÜBERSICHT

Damit sich jeder Leser in diesem Band sofort zurechtfindet und das für ihn Wichtige gleich entdeckt, folgt hier eine Übersicht.

Im 2. Kapitel wird Annette von Droste-Hülshoffs Leben beschrieben und auf den zeitgeschichtlichen Hintergrund verwiesen.

⇨ S. 11 ff.

→ Annette von Droste-Hülshoff lebte von 1797 bis 1848. Geboren wurde sie auf Schloss Hülshoff bei Münster in Westfalen. Nach dem Tod des Vaters zog sie mit ihrer Mutter und ihrer Schwester Jenny ins Rüschhaus, dem Witwensitz der Hülshoffs. Dort verbrachte sie schreibend die meiste Zeit ihres Lebens. In Anton Matthias Sprickmann, Mitglied des Göttinger Hainbundes, und dem Philosophieprofessor Heinrich Schlüter fand sie wertvolle literarische Anreger und Berater. Häufige Besuche bei ihren Verwandten in Bökendorf bei Brakel führten zur Bekanntschaft mit Jakob Grimm und dem Maler Ludwig Grimm. Ab 1837 arbeitete sie an der *Judenbuche.* Dem Stoff liegt eine wahre Begebenheit, der Mord an einem Juden und die Flucht des Mörders, zugrunde.

→ Ab 1840 lebte sie in Meersburg am Bodensee, wo ihre Schwester mit dem Freiherrn von Laßberg verheiratet war. Sie lebte überwiegend in der Meersburg, die ihr Schwager gekauft hatte und bewohnte. Dort starb sie 1848 an Lungentuberkulose.

→ In Droste-Hülshoffs Lebenszeit fiel die Epoche der Restauration, der gelungene Versuch der deutschen Fürsten, die liberal-demokratische Bewegung bürgerlicher Schichten zu unterdrücken. Aufgrund der polizeistaatlichen Methoden der Bespitzelung und Verfolgung liberaler Intellektueller breitete sich ein Klima der Angst und Resignation aus; viele bedeutende Zeitgenossen emigrierten.

Im 3. Kapitel geht es um die Textanalyse und -interpretation.

Die Judenbuche – Entstehung und Quellen:

Realgeschichtlicher Hintergrund ist ein Vorfall in der Nähe der Güter der Haxthausens mit Sitz auf der Abbenburg und im Bökerhof; beide Orte liegen unweit von Brakel. Beim Judenmörder handelt es sich nach der Eintragung im Sterbebuch der Gemeinde Bellersen um den am 18. September 1836 bestatteten Johannes Winckelhahne, der sich im Alter von 43 Jahren erhängt hatte. Da man ihn für unzurechnungsfähig erklärte, konnte man ihn christlich bestatten. Der Winkelhannes, wie ihn die Dorfbewohner nannten, hatte im Frühjahr 1783 den Juden Pinnes aus Brakel erschlagen, nachdem ihn dieser wegen einer ausstehenden Zahlung bei der Gutsherrschaft verklagt hatte. Kurz nach seiner Flucht geriet er in algerische Gefangenschaft, aus der er 1805 befreit wurde. Nicht im April 1807, wie August von Haxthausen schreibt, sondern ein Jahr früher traf der Judenmörder nach 23-jähriger Abwesenheit wieder in seinem Heimatdorf Bellersen ein. ⇨ S. 20 ff.

Inhalt:

Indem Annette von Droste-Hülshoff eine Vorgeschichte zur Kriminalgeschichte ihres Onkels, veröffentlicht 1818, erfindet, gelingt es ihr, das historisch beglaubigte Ereignis als Folge einer Störung der menschlichen Gemeinschaft darzustellen, „in der die Begriffe von Recht und Unrecht einigermaßen in Verwirrung geraten waren." Das Verhängnisvolle dieser allgemeinen gesellschaftlichen Situation enthüllt sich im individuellen Schicksal Friedrich Mergels, das sich in einer Reihe von ungewöhnlichen Ereignissen zunehmend ⇨ S. 24 ff.

verdichtet und dramatisch zuspitzt. Bereits seine Herkunft und seine Erziehung durch die Mutter und den Onkel Simon Semmler prädestinieren ihn für seinen späteren Lebensweg.

Aufbau:

➪ S. 28 ff.

Beherrschendes Strukturprinzip der *Judenbuche* ist die Akzentuierung von jeweils vier Tief- und Höhepunkten, von Klimax und Antiklimax, von der steigenden und abfallenden Abfolge der Schlüsselereignisse. Markiert werden sie durch exakte Zeit- bzw. Altersangaben und verbunden durch jeweils einen raffenden Erzählerbericht. Die vierfach gestaffelten Wendepunkte begründen ein markant novellistisches Erzählprofil, das in der unerhörten Begebenheit als zentrales Merkmal der Novelle gipfelt.

Personen:

➪ S. 32 ff.

Die Personen in der *Judenbuche* entstammen überwiegend der geschlossenen Gesellschaft der Dorfgemeinschaft. Sie sind gestellt gegen wenige, die aus religiösen oder rassischen Gründen als Minderheit dieser Gemeinschaft entgegenstehen. Dies gilt auffällig für den Juden Aaron, für den die obrigkeitsstaatlichen Interessen vertretenden Förster Brandis sowie für die Mergels, die aufgrund ihrer gesellschaftlichen Randstellung zu keinem Ansehen gelangt sind, sodass Friedrich Mergel von vornherein zum Außenseiter verurteilt scheint. In der allmählichen Identifikation Friedrichs mit seinem Onkel Simon kann er vorübergehend die Außenseiterposition überwinden, doch die Umstände wenden sich letztendlich gegen ihn. In der Novelle stehen sich Führer und Verführte, Täter und Opfer in der Gesellschaft gegenüber.

Stil und Sprache:

- Die Erzählerin verfügt souverän über Orte, Zeit und Personen der Novelle. Sie erreicht symbolische Vertiefung, indem Gegenstände, Situationen, Handlungen und bestimmte Aussagen der Personen sinnbildliche Bedeutung annehmen (z. B. Eiche oder Buche). ⇨ S. 51 ff.
- Der Erzählstil ist geprägt von der Kunst des beredten Schweigens: Je pointierter etwas verschwiegen wird, desto deutlicher tritt es hervor.
- Erzählgipfel markieren wichtige Begebenheiten. In der Regel handelt es sich um szenische-dialogische Ereignisse, in denen die erzählte Zeit mit der Erzählzeit identisch ist. Die Erzählgipfel werden überbrückt durch stark raffende Erzählerberichte; im Extremfall reichen zwei Sätze, um 28 Jahre zu überbrücken (vgl. HL S. 35/R S. 46).
- Verseinlagen relativieren den objektiven Eindruck und rufen zu Verständnis und Toleranz auf. In ihnen haben Sprache und Geist des Neuen Testaments Eingang gefunden, während die Inschrift der Buche auf das gnadenlose Gesetz des Alten Testaments verweist.

Interpretationsansätze:

Dieses Kapitel umfasst sämtliche Interpretationsansätze zur *Judenbuche.* Sie werden zeitlich gegliedert aufgezeigt. Eine vertiefende Gesamtdeutung schließt das Ganze ab. ⇨ S. 58 ff.

Rezeptionsgeschichte:

Die zeitgenössische Literaturkritik lobte das poetische Können der Verfasserin Annette von Droste-Hülshoff, fand die Novelle jedoch düster und mit zu geringer poetischer Verklärung ausgestattet. Erst ⇨ S. 89 ff.

die Aufnahme in den „Novellenschatz“ durch Paul Heyse brachte ihr den bis heute anhaltenden Erfolg. Sie wurde in alle europäischen Sprachen übersetzt.

2. ANNETTE VON DROSTE-HÜLSHOFF: LEBEN UND WERK

2.1 Biografie

Annette von Droste-Hülshoff 1797–1848

JAHR	ORT	EREIGNIS	ALTER
1797	Hülshoff bei Münster	Geburt am 12. Januar als Tochter des Freiherrn Clemens August von Droste-Hülshoff und seiner Frau Therese Luise, geborene von Haxthausen; Unterricht durch den Vater, später durch Hauslehrer.	
1805	Bökendorf	Erster Besuch ihrer Großeltern auf Schloss Bökerhof.	8
1812	Münster	Begegnung mit Anton Matthias Sprickmann; literarischer Anreger; Mitglied des Göttinger Hainbunds.	15
1813	Münster, Bökendorf	Jugenddrama *Berta oder die Alpen*; Teilnahme an Grimms Sammlungen von Volksliedern und Märchen.	16
1818	Bökendorf, Kassel	Arbeit am Versepos *Walter*; Bekanntschaft mit Jakob und dem Maler Ludwig Grimm.	21
1820	Bökendorf	Arbeit am ersten Teil des *Geistlichen Jahrs*; Entwürfe zum Frauenroman *Ledwina;* Familienintrige: unglückliches Ende ihrer Verbindung mit Heinrich Straube.	23
1825	Köln, Bonn	Reise an den Rhein aufgrund ärztlich empfohlener Luftveränderung; Aufenthalt in Bonn.	28
1826	Hülshoff	Tod des Vaters; Übersiedlung mit Mutter und Schwester Jenny ins Rüschhaus bei Münster.	29
1828	Bonn	Erste Entwürfe zum Versepos *Hospiz auf dem Großen St. Bernhard.*	31

JAHR	ORT	EREIGNIS	ALTER
1831	Rüschhaus bei Münster	nach der Rückreise aus Bonn Erstbegegnung mit Levin Schücking	34
1834	Münster	Begegnung mit dem Philosophieprofessor Christoph Bernhard Schlüter; wertvoller literarischer Berater; Hinweise auf die Dichtung der Romantik; Abschluss des Versepos *Des Arztes Vermächtnis*.	37
1835	Eppishausen	Besuch ihrer mit dem Freiherrn von Laßberg verheirateten Schwester in der Schweiz	38
1837	Rüschhaus	Arbeit am Versepos *Loener Bruch*; erste Erwähnung des Stoffs zur *Judenbuche*.	40
1838	Münster	Erscheinen der ersten Gedichtausgabe; Mitglied der literarischen Heckenschriftstellergesellschaft; literarische Gespräche mit Schücking.	41
1839	Abbenburg	Wiederaufnahme der Arbeiten am *Geistlichen Jahr*	42
1840	Münster	Mitarbeit an dem von Freiligrath und Schücking herausgegebenen Westfalenbuch *Das malerische und romantische Westphalen*	43
1841	Meersburg	Abschluss der *Judenbuche*; Entstehung der Balladen *Der Tod des Erzbischofs Engelbert von Köln, Das Fräulein von Rodenschild, Der Knabe im Moor, Die Vergeltung*; Besuch ihrer Schwester, inzwischen nach Meersburg umgesiedelt.	44
1842	Meersburg	Druck der *Judenbuche* im *Morgenblatt für gebildete Leser*; Entstehung der *Heidebilder;* Abschluss der Verserzählung *Spiritus familiaris*.	45
1843	Meersburg	Kauf des sogenannten „Fürstenhäusle" am Bodensee	46

JAHR	ORT	EREIGNIS	ALTER
1844	Meersburg, Rüschhaus	Erscheinen der Gedichte *Grüße* und *Im Grase* in der *Kölnischen Zeitung*	47
1845	Abbenburg, Münster	Druck der kulturgeschichtlichen *Westfälischen Schilderungen;* Erscheinen der *Abbenburger Gedichte*.	48
	Rüschhaus, Abbenburg	Tod der Amme; Aufenthalt bei ihren Verwandten in Ostwestfalen.	
1846	Meersburg	Bruch mit Schücking wegen einer Indiskretion; schwere Erkrankung.	49
1848	Meersburg	Tod am 24. Mai; Beisetzung auf dem Meersburger Friedhof.	51

2.2 Zeitgeschichtlicher Hintergrund

ZUSAMMEN-FASSUNG

Zeitgeschichtlicher Hintergrund ist die Restauration, die Zeit nach dem Wiener Kongress 1815; die Fürsten wollten nach dem endgültigen Sieg über Napoleon ihre alten Machtstrukturen wiederherstellen.
Verfassungsversprechen, die den Bürgern im Kampf gegen Napoleon gegeben worden waren, wurden zurückgenommen. Liberale und demokratische Tendenzen wurden mit polizeistaatlichen Methoden bekämpft. Es entstand ein Klima der Angst und Resignation. Man sprach von der deutschen „Stickluft", aus der sich viele Intellektuelle durch Emigration verabschiedeten.

„Das Ereignis mit den Grimms hat mich auch, ich kann wohl sagen, erschreckt. Gott, wie stürmt jetzt alles auf die Familie ein!"[1] In ihrem Brief vom Dezember 1837 an ihre Kusine Sophie von Haxthausen spielt die Droste auf die Amtsenthebung der Brüder Grimm im gleichen Jahr an. Jakob und Wilhelm Grimm, seit 1830 Professoren an der Universität Göttingen, hatten zusammen mit fünf anderen Kollegen gegen die Aufhebung des Staatsgrundgesetzes durch den König von Hannover protestiert. Als „Göttinger Sieben" gingen sie in die Geschichte des Widerstands gegen staatliche Reaktion ein.

Wiener Kongress

Das Ereignis ist charakteristisch für die restaurative Zeit. Nach dem endgültigen Sieg über Napoleon in der Schlacht von Waterloo begannen die europäischen Fürsten zwischen 1815 und 1820 im

1 Karl Schulte-Kemminghausen (Hrsg.): *Die Briefe der Annette von Droste-Hülshoff. Band 1*. Jena 1944, S. 253.

Wiener Kongress, ihre vorrevolutionäre, absolutistische Macht wieder zu erlangen. Verfassungsversprechen, den Bürgern gegeben, um sie zum gemeinsamen Kampf gegen Napoleon zu mobilisieren, wurden schamlos annulliert. In Deutschland breitete sich die stickige Luft eines reaktionären, wieder erstarkten Staatsabsolutismus aus. Mit polizeistaatlichen Methoden wurden alle demokratischen und liberalen Ansätze unterdrückt. Die erhoffte freiheitliche Entwicklung rückte in weite Ferne.

Klima der Resignation und der Angst

Verschärfte Zensur, empfindliche Einschränkungen der Presse- und Versammlungsfreiheit, Spitzeleien und Denunziationen erzeugten ein Klima der Resignation und der Angst. Dem Bürger, zu schwach, um der militärischen Übermacht der Fürsten zu trotzen, blieb nichts anderes übrig, als sich mit der ihm auferlegten Rolle des Untertans abzufinden. „Ruhe ist die erste Bürgerpflicht" ging als geflügeltes Wort der Zeit um, aber es war eine Friedhofsruhe.

Karlsbader Beschlüsse

Aufflackernde revolutionäre Bewegungen wurden im Keim erstickt. Die Karlsbader Beschlüsse nach der Ermordung des systemkonformen Erfolgsdramatikers Kotzebue im Jahre 1819 ordneten eine strenge Überwachung der Studenten und Professoren an und führten eine verschärfte Zensur von Druckerzeugnissen, deren Umfang zwanzig Bogen überschritt, ein. Erfolgreich niedergeschlagen wurden die Unruhen der Pariser Julirevolution von 1830.

Hambacher Fest

Als Vertreter der liberalen und demokratischen Bewegungen 1832 auf dem Hambacher Fest die Volkssouveränität proklamierten, verhaftete man die Rädelsführer oder zwang sie, ins Ausland zu flüchten. Wie ohnmächtig die demokratische Bewegung in Deutschland war, offenbart noch 1848 die Frankfurter Nationalversammlung. Der Versuch, einen demokratischen Staat mit dem preußischen König als konstitutionellem Monarchen aufzubauen, scheiterte am Widerstand Friedrich Wilhelms IV., der die Krone aus „Dreck und Letten" zurückwies.

Nationalversammlung in der Paulskirche 1848

Als die Nationalversammlung am 18. Mai 1848 eröffnet wurde, hatte der Todeskampf der Droste bereits begonnen. Sie starb am 24. Mai nach einem Leben in unfreien öffentlichen Verhältnissen zwischen der erfolgreichen fürstlichen Reaktion auf dem Wiener Kongress und der von vornherein zum Scheitern verurteilten bürgerlichen Revolution der Nationalversammlung in der Frankfurter Paulskirche.

2.3 Angaben und Erläuterungen zu wesentlichen Werken

ZUSAMMENFASSUNG

→ Zu den wesentlichen Werken der Droste zählen neben der Novelle *Die Judenbuche* vor allem Balladen, deren Thematik um das schutzlose Ausgeliefertsein des Einzelnen an den Mitmenschen, die Gesellschaft oder die Geschichte kreist.
→ Die Lyrik ist Selbstaussprache sowie ein poetischer Akt der Selbstbefreiung und Identitätsfindung.
→ Eine Sonderstellung nimmt die religiöse Dichtung im *Geistlichen Jahr* ein, die als Glaubensreflexion gesehen werden kann.

Neben der Novelle *Die Judenbuche*, ihrer bedeutendsten Prosaarbeit, ist die Droste mit viel beachteten Balladen und lyrischen Gedichten hervorgetreten.

Balladen

Die Balladen erzählen in dramatisch zugespitzten Szenen von menschlichen, gesellschaftlichen und geschichtlichen Krisen. Die Ballade *Die Vergeltung* (1840) führt den mörderischen Mitmenschen vor, der, um selbst zu überleben, den Wehrlosen dem sicheren Untergang preisgibt. Auf ein historisches Ereignis aus dem Mittelalter greift das epische Gedicht *Der Tod des Erzbischofs Engelbert von Köln* (1841) zurück. Problematisiert wird das brutale Machtstreben der Fürsten. Während der augenblickliche Machtinhaber darauf sinnt, wie er seinen persönlichen Ruhm steigern kann, plant der zukünftige bereits einen Mordanschlag auf ihn, den er wenig später erfolgreich durchführt. *Der Knabe im Moor* (1841), die erfolgreichste Ballade der Droste, zeichnet das Porträt des Menschen in der Restaurationszeit, der bereits als Kind heimgesucht wird von den Ängsten, wie sie aus der Unterdrückung einer freien persönlichen Entwicklung entspringen. Im *Fräulein von Rodenschild* (1841) schließlich erlebt eine junge Frau die Spannung zwischen dem Wunsch nach erotischer Erfüllung und der Furcht vor gesellschaftlichen Sanktionen. Die Überwindung der gespenstischen Doppelgängerin, Verkörperung ihrer geheimsten Wünsche, ist ein Akt der Verdrängung, der Preis für die Integration in die Gesellschaft.

Gedichte

Dem schutzlosen Ausgeliefertsein des Einzelnen an den Mitmenschen, die Gesellschaft und die Geschichte, zentrales Thema der Balladen, stellt die Droste in ihren lyrischen Gedichten die Schritt für Schritt vollzogene, individuelle Emanzipation entgegen. Lyrik ist Selbstaussprache und zugleich ein höchst subjektiver, poetischer Akt der Selbstbefreiung. In dem Gedicht *Die Taxuswand* (1842) gedenkt die Dichterin ihrer von gesellschaftlichen Intrigen zerstörten Jugendliebe. Die einmal erlittene Enttäuschung ließ sie ein Leben lang davor zurückschrecken, neue Liebesbeziehungen einzugehen. Zunehmend sah sie sich auf sich selbst zurückgeworfen. Im *Spiegelbild* (1842) gelangt sie nach heftigen inneren Kämpfen dazu, sich selbst anzunehmen. Die andere, kritische, von der Gesellschaft nicht akzeptierte Seite ihrer Identität, wie sie ihr das Spiegelbild offenbart, gehört unauflöslich zu ihr. Im *Mondesaufgang* (1844) überwindet sie endgültig ihre Ängste und Schuldgefühle und erlebt sich zum Schluss als erlöster, freier Mensch. In der Natur findet sie, im Gedicht *Im Grase* (1844) zum Ausdruck gebracht, eine neue, liebenswerte Lebenspartnerin. Im Einklang mit dem wahren, durch keine künstliche Beschränkung eingeengten Leben, verabschiedet sie sich für immer von allem, was sie unfrei gemacht hatte, und bejaht sich uneingeschränkt selbst.

Literarische Umsetzung der inneren Biografie

Das Werk der Droste ist die literarische Gestaltung ihrer inneren Biografie. Setzen sich die Balladen kritisch mit den äußeren, kollektiven Kräften auseinander, so wendet sich die Lyrik dem eigenen Inneren, der individuellen Identität zu.

Das geistliche Jahr

Eine Sonderstellung nimmt die religiöse Dichtung *Das geistliche Jahr* ein, entstanden in zwei Schaffensphasen, von denen die eine bis 1820 und die zweite bis 1840 reicht. Veröffentlicht wurde der Zyklus auf Wunsch der Dichterin erst postum 1851. Im Zentrum steht die Glaubensreflexion. Schon früh erkennt die Droste, dass sie den festen Glauben nicht hat, der Dialog mit Gott scheitert. In dem Silvestergedicht *Am letzten Tag des Jahres* wartet sie vergeblich auf ein Lebens- und Liebeszeichen Gottes. Ein Gott aber, der verborgen bleibt, der seine Geschöpfe teilnahmslos ihrem Leiden und Sterben überlässt, kann weder Vertrauen noch Zuversicht wecken. Das Gedicht liest sich wie eine Abrechnung mit dem Kinderglauben. Im Grunde befreit sich die Droste auch von allen religiösen Tröstungen. Nur in der innigen Verbundenheit mit der Natur ist dem Menschen ein befristetes Glück gewährt.

3. TEXTANALYSE UND -INTERPRETATION

3.1 Entstehung und Quellen

ZUSAMMEN-FASSUNG

Die Judenbuche geht zurück auf eine wahre Begebenheit, die sich in Westfalen, in der Gegend um die kleine Stadt Brakel im Kreis Höxter, zugetragen hat. August von Haxthausen, der Onkel der Droste, hatte das Ereignis des Judenmords bereits als Kriminalgeschichte mit dem Titel *Geschichte eines Algierer-Sklaven* aufgeschrieben. Die von der Droste gewählten Handlungsorte gehen darauf zurück und sind authentisch, während der entfernter gelegene räumliche Rahmen nicht immer exakt der Wirklichkeit entspricht.

„Ich habe jetzt eine Erzählung fertig von dem Burschen im Paderbörnischen, der den Juden erschlug", schreibt die Droste in einem Brief vom 1. Juli 1841 an ihre Schwester Jenny[2]. Die auf wirklichem Geschehen basierende Geschichte, die sich zur Zeit des Großvaters der Dichterin in der näheren Region ereignete, erzählt von einem Mörder, der nach der Tat flieht, in die algerische Sklaverei gerät und sich nach seiner Rückkehr am Tatort erhängt.

Kriminalbericht

Unter dem Titel *Geschichte eines Algierer-Sklaven* ließ August von Haxthausen, ein Onkel Droste-Hülshoffs, den Kriminalbericht zwischen dem 5. und 19. Februar 1818 in der in Göttingen erscheinenden Zeitschrift „Die Wünschelrute" abdrucken. Nach der Aussage des Onkels hat die Dichterin bei ihren wiederholten Aufenthalten

---

2 Schulte-Kemminghausen (Hrsg.), Band 1, S. 538.

in Bökendorf schon früh vom Schicksal des Selbstmörders im Kreis der Familie, aus der ihre Mutter stammte, erzählen hören.

Realer Hintergrund

Realgeschichtlicher Hintergrund ist ein Vorfall in der Nähe der Güter der Haxthausens mit Sitz auf der Abbenburg und im Bökerhof. Beide Orte liegen unweit von Brakel. Beim Judenmörder handelt es sich nach der Eintragung im Sterbebuch der Gemeinde Bellersen um den am 18. September 1836 bestatteten Johannes Winckelhahne, der sich im Alter von 43 Jahren erhängt hatte. Da man ihn für unzurechnungsfähig erklärte, konnte man ihn christlich bestatten.

Der Winkelhannes, wie ihn die Dorfbewohner nannten, hatte im Frühjahr 1783 den Juden Pinnes aus Brakel erschlagen, nachdem ihn dieser wegen einer ausstehenden Zahlung bei der Gutsherrschaft verklagt hatte. Kurz nach seiner Flucht geriet er in algerische Gefangenschaft, aus der er 1805 befreit wurde. Nicht im April 1807, wie August von Haxthausen schreibt, sondern ein Jahr früher traf der Judenmörder nach 23-jähriger Abwesenheit wieder in seinem Heimatdorf Bellersen ein.

Die Droste war mit den näheren Umständen gut vertraut. „Ich habe jetzt wieder den Auszug aus den Akten gelesen“, schreibt sie am 22. August 1839 an Schlüter, „den mein Onkel August vor vielen Jahren in ein Journal rücken ließ und dessen ich mich nur den Hauptumständen nach erinnerte.“[3]

Reale Handlungsorte

Im Wesentlichen hält die Erzählung an den wirklichen Handlungsorten fest. Die genannten Örtlichkeiten B. (= Bellersen), Brederholz, Bollkasten, Masterholz usw. liegen in der unmittelbaren Umgebung von Brakel und sind authentische Gemarkungsnamen. Während die räumlichen Detailangaben äußerst exakt sind, entsprechen die Hinweise auf den weiteren geografischen Rahmen nicht immer den realen Verhältnissen. So kommen der 25 Kilometer

3 Ebd., S. 367.

entfernt liegende Teutoburger Wald und die 15 Kilometer entfernte Weser wohl kaum als Schauplätze der auf relativ engem Raum spielenden Ereignisse infrage. Das Geschehen in der Erzählung ist, verglichen mit den wirklichen Vorfällen, um zwanzig Jahre vordatiert. Offenbar sollten die zur Entstehungszeit der *Judenbuche* noch lebenden Beteiligten an den tatsächlichen Geschehnissen geschont werden. Eine Unstimmigkeit ergibt sich daraus, dass die Droste den Friedrich Mergel im Winter 1788 zurückkehren lässt und seinen Selbstmord ins Frühjahr des gleichen Jahres verlegt.

Die Droste erwähnt den Stoff erstmals in einem Brief vom 4. August 1837: „Eine Kriminalgeschichte, Friedrich Mergel, ist im Paderbornischen vorgefallen, rein national und sehr merkwürdig; diese habe ich mitunter große Lust zu vollenden."[4]

Erste Entwürfe zwischen 1818 und 1830 umfassen den ersten Teil bis zum Ende der Försterszene. Der zweite Teil, von der Bauernhochzeit bis zur Rückkehr des Mörders, wurde zwischen 1837 und 1839 niedergeschrieben. Zwischen August 1839 und Januar 1840 hat die Droste dann beide Teile zusammengefügt. Am 14. Januar 1840 meldet sie in einem Brief die Vollendung der Erzählung.

Die Judenbuche ist das eigentliche literarische Lebenswerk der Dichterin. Der Erstdruck erfolgte in etwa 1500 Exemplaren vom 22. April bis zum 10. Mai 1842 in 16 Fortsetzungen im Cotta'schen „Morgenblatt für gebildete Leser". Von Hermann Hauff, dem Bruder des Dichters Wilhelm Hauff, damals verantwortlicher Redakteur des „Morgenblatts", stammt der Titel. Stolz schreibt die Droste am 4. Mai 1842:

---

4 Ebd., S. 212.

> „(…) und dann füttert es [= das „Morgenblatt"] seit 10 bis 12 Tagen sein Publikum so unbarmherzig mit meiner Erzählung, von Hauff ‚Die Judenbuche' getauft, dass alle Dichter, die sich gedruckt sehen möchten, mich verwünschen müssen (…). Ich finde, dass sich meine gedruckte Prosa recht gut macht, besser und origineller als die Poesie (…)."[5]

Novellenmerkmale der *Judenbuche*

Die Droste selbst hat *Die Judenbuche* nach dem allgemeinen Sprachgebrauch stets als Erzählung bezeichnet. Später, nachdem sie 1876 in die Sammlung *Deutscher Novellenschatz* aufgenommen worden war, verstand man sie bis heute als Novelle. Dafür sprechen die unerhörte Begebenheit des Judenmords, der objektive Erzählstil, die überraschenden Wendungen in der Handlungsführung und nicht zuletzt das tragische Scheitern des Helden, der mehr Opfer als Täter ist.

5 Schulte-Kemminghausen (Hrsg.), Band 2, S. 15.

3.2 Inhaltsangabe

ZUSAMMENFASSUNG

Indem Annette von Droste-Hülshoff eine Vorgeschichte zur Kriminalgeschichte ihres Onkels, veröffentlicht 1818, erfindet, gelingt es ihr, das historisch beglaubigte Ereignis als Folge einer Störung der menschlichen Gemeinschaft darzustellen, „in der die Begriffe von Recht und Unrecht einigermaßen in Verwirrung geraten waren." Das Verhängnisvolle dieser allgemeinen gesellschaftlichen Situation enthüllt sich im individuellen Schicksal Friedrich Mergels, das sich in einer Reihe von ungewöhnlichen Ereignissen zunehmend verdichtet und dramatisch zuspitzt. Er ist bereits durch seine Herkunft für seinen späteren Lebensweg geprägt.

Die Handlung spielt in einer ländlich abgeschiedenen Gegend Ostwestfalens. Neben dem geltenden Recht hat sich seit langem ein Gewohnheitsrecht entwickelt, das ständige Übergriffe heraufbeschwört und Unfrieden stiftet, zumal der ansässige Menschenschlag höchst aktiv und wagemutig ist. Jagd- und Holzfrevel sind an der Tagesordnung.

Geburt Friedrich Mergels

In diesem Umfeld wird Friedrich im Jahr 1738 als Sohn des Grundeigentümers geringerer Klasse Hermann Mergel geboren. Der Vater ist ein sittlich haltloser, trunksüchtiger Mann. Haus und Hof sind im Verfallszustand. Die Mutter Margreth, die zweite Frau des Vaters, bei der Geburt des Sohnes bereits über vierzig Jahre alt, wird von ihrem Mann übel behandelt und vermag die missliche Lage nicht zum Besseren zu wenden.

Tod des Vaters

1747, Friedrich ist neun Jahre alt, bringt man in einer stürmischen Winternacht die Leiche des Vaters ins Haus. Sinnlos betrun-

1738	1747	1756	1760	1788
Geburt von Friedrich Mergel	Tod des Vaters	Tod des Försters	Bauernhochzeit – Ermordung des Juden	Rückkehr von Friedrich Mergel – Selbstmord

ken ist er auf dem Heimweg im Wald erfroren. Die Mutter, die nun allein für ihren Sohn verantwortlich ist, lehrt ihn, dass alle Juden Schelme, durchtrieben und verschlagen und die Förster die Gegner des kleinen Mannes seien. Ausdrücklich nimmt sie die ansässige Familie Hülsmeyer gegen Vorwürfe in Schutz, Gewalt gegen Juden ausgeübt zu haben.

Begegnung Friedrichs mit Simon Semmler

Mit solchen Vorurteilen aufgewachsen, begegnet Friedrich 1750 im Alter von zwölf Jahren seinem Onkel Simon Semmler, einem Bruder der Mutter. Simon will den Jungen, der keine Schule besucht, zu sich nehmen und ihm Arbeit geben. Mit dem Onkel macht sich Friedrich auf den Weg, der sie an der breiten Eiche (gemeint ist wohl auch hier die Buche) vorbeiführt, wo man den Vater seinerzeit tot aufgefunden hat. Am Tag darauf trifft Margreth auf einen Jungen, der ihrem Sohn zum Verwechseln ähnlich sieht. Erst als Friedrich selbst auftaucht, erkennt sie ihren Irrtum. Johannes Niemand, ein elternloser, geistig zurückgebliebener Junge, ist offenbar ein unehelicher Sohn Simons, der jedoch seine Vaterschaft mit einem falschen Eid verleugnet hat. Mit Friedrich geht eine auffällige Wandlung vor sich. Er legt sein träumerisches Wesen ganz ab und avanciert zum besten Arbeiter seines Onkels. Unübersehbar ist seine Geltungssucht.

Friedrich wird als Spitzel der Blaukittel verdächtigt

In den Forsten wütet zu dieser Zeit eine Bande von Holzfrevlern unter dem Namen „Blaukittel“. Ganze Waldstrecken werden in einer einzigen Nacht gefällt, ohne dass man der Bande habhaft werden kann. In einer Mondnacht im Juli 1756 liegt der achtzehnjährige Friedrich, Kühe hütend, im Gras am Eingang einer Waldschlucht, aus der in regelmäßigen Abständen dumpfe, krachende Schläge zu hören sind. Trotz einer gewissen Übermüdung behält er seine Umgebung aufmerksam im Blick. In der Morgendämmerung fährt er plötzlich auf und wirft, nachdem er einen gellenden Pfiff ausgestoßen hat, mit einem Stein nach seinem schlafenden Hund. Unmittelbar danach treten der Oberförster Brandis und einige andere Förster auf die Lichtung. Auf die Verdächtigung, ein Spitzel der Blaukittel zu sein, reagiert Friedrich ahnungslos. Während die anderen Förster bereits vorgehen, kommt es zwischen Brandis und Friedrich zu einem erregten Wortwechsel. Schließlich weist Friedrich dem Förster den Weg an der Buche vorbei hinauf, um zu den anderen Förstern zu gelangen. Trotz anfänglicher Zweifel folgt der Förster diesem Weg.

Ermordung des Försters

Die nächste Szene spielt im Haus von Margreth. Friedrich, der krank heimgekommen ist, liegt in der Kammer und scheint bedrängt von beängstigenden Vorstellungen. Die Mutter redet in der Stube mit dem Amtsschreiber. Er informiert sie über den gewaltsamen Tod des Försters. Sein Verdacht fällt auf Friedrich. Am Ende der Szene erscheint Johannes und fordert Friedrich auf, zu Simon zu kommen.

Gerichtsverhandlung

In der sich anschließenden Gerichtsverhandlung ist Friedrich nichts nachzuweisen, zumal die Leiche des Försters weit entfernt lag von der Stelle, wo er Friedrich begegnete. Auf die blutige Axt, das Mordwerkzeug, reagiert Friedrich zunächst erschrocken, gewinnt aber dann seine Fassung schnell zurück. Von den Blaukitteln fehlt nach diesen Vorfällen jede Spur. Friedrich entschließt sich, zur Beichte zu gehen. In einem vorausgehenden Gespräch warnt ihn der Onkel, keinerlei Zeugnis abzulegen, denn wer andere in der Beichte anklage, empfange das Sakrament unwürdig. Obwohl Friedrich klar ist, dass der Onkel irrigerweise nur vom Zeugnis statt vom falschen Zeugnis spricht, schweigt er und geht nicht zur Beichte.

Bauernhochzeit

Auf einer Bauernhochzeit im Herbst 1760 wird Friedrichs Ansehen, das er trotzig gegen den wohlhabenden Bauernsohn Wilm Hülsmeyer zu behaupten versucht, nachhaltig beschädigt, nachdem man Friedrichs Schützling Johannes beim Butterdiebstahl erwischt und kurz danach der Jude Aaron Friedrich an die noch ausstehende Zahlung für eine Uhr erinnert, die der Gemahnte stolz zur Schau trägt.

Ermordung des Juden Aaron und Friedrichs Flucht

Persönlich vernichtet verlässt Friedrich das Fest. Drei Tage später meldet die Frau Aarons beim Gutsherrn den Tod ihres Mannes. Sie hat die Leiche des Erschlagenen in der Nähe einer Buche im Brederholz entdeckt. Die Fahndung nach Friedrich, der der Tat dringend verdächtigt wird, bleibt erfolglos. Er hat längst die Flucht ergriffen. Die Juden lassen in die Buche den hebräischen Spruch einhauen: „Wenn du dich diesem Orte nahest, so wird es dir ergehen, wie du mir getan hast."

Rückkehr Friedrichs nach 28 Jahren

Nach achtundzwanzig Jahren kehrt der inzwischen fünfzigjährige Friedrich am Heiligen Abend des Jahres 1788 ins Dorf zurück. Da er seinen Namen nicht nennt, hält man ihn wegen seines verwahrlosten Zustands für Johannes Niemand, mit dem sich Friedrich dann auch selbst identifiziert. Die Mutter Margreth und der Onkel Simon sind inzwischen verstorben. Der Heimgekehrte erzählt von seiner Flucht mit „Friedrich" und von der türkischen Gefangenschaft, in der er sechsundzwanzig Jahre unter unwürdigen Zuständen zugebracht hat. Der Gutsherr sorgt für ihn und lässt ihn Botengänge machen. Eines Tages kehrt Friedrich nicht zurück. Wochen später entdeckt der junge Brandis in der Judenbuche einen Erhängten, der vom Gutsherrn aufgrund einer Narbe als Friedrich Mergel identifiziert wird. Als Selbstmörder begräbt man Friedrich auf dem Schindanger. Der hebräische Spruch in der Buche hat sich erfüllt.

3.3 Aufbau

ZUSAMMEN-FASSUNG

Der Aufbau der *Judenbuche* ist von bemerkenswerter Stringenz. Beherrschendes Strukturprinzip ist die Akzentuierung von Höhe- bzw. Tiefpunkten, von Klimax und Antiklimax, von der steigenden und abfallenden Abfolge der Schlüsselereignisse, verbunden jeweils durch einen raffenden Erzählerbericht des weniger Wichtigen, aber für das Gesamtverständnis Unverzichtbaren. Geformt wird das Erzählprofil durch vier Höhe- und vier Tiefpunkte, markiert jeweils durch exakte Zeit- bzw. Altersangaben. Ausführlich setzt sich der Text am Ende mit dem Novellenprofil und den Novellenaspekten auseinander.

Akzentuierung von Höhe- und Tiefpunkten im Leben des Protagonisten

Die Geburt Friedrich Mergels, des Protagonisten der Handlung, im Jahre 1738 setzt das Geschehen in Gang. Wie im Entwicklungsroman leitet eine Aufbruchphase das erzählte Geschehen ein. An die Geburt der Hauptfigur knüpfen sich Erwartungen mit Blick auf persönliche Entfaltung und Reifung. Doch bereits der Neunjährige erlebt im Jahre 1747 den Einbruch des Todes in seine ohnehin von Verfall und Verwahrlosung gekennzeichnete Welt. Der tote Vater verweist früh auf den tragisch abschüssigen Lebensweg des Heranwachsenden. Geburt und Tod, Aufbruch und Scheitern liegen nahe beieinander. Zwischen Erwartung und Enttäuschung spannt sich ein im Grunde tragischer Erzählverlauf.

Am Ende des Aufbruchs steht der Absturz

Das Angebot des Onkels, den Neffen zu sich nehmen und ihm Arbeit zu geben, scheint eine vielversprechende Zukunft für Friedrich zu eröffnen. In seiner Entwicklung kommt diese Handlungsstufe einer Initiation gleich, der Einführung des Heranwachsenden

Geburt Friedrichs	Tod des Vaters	Anschluss an Simon	Tod des Försters	Bauern-Hochzeit, Judenmord	Heimkehr, Selbstmord
1738	**1747**	**1750**	**1756**	**1760**	**1788**

1738–1747	1747–1750	1750–1756	1756–1760	1760–1788
9 Jahre	3 Jahre	6 Jahre	4 Jahre	28 Jahre

in die Lebenssphäre der Männer. Doch statt der erhofften persönlichen Entwicklung verstrickt sich Friedrich zusehends in die dunklen, niemals ganz geklärten Machenschaften des Onkels, dessen Verbindung mit den Blaukitteln allerdings feststeht. Am Ende des Aufbruchs steht auch hier der Absturz. Friedrich wird mitschuldig an der Ermordung des Försters. Die Initiation in die Welt der Erwachsenen konfrontiert ihn mit Gewalt und Tod. Einmal mehr erfüllt sich das radikal polarisierende Erzählprinzip. Der Weg, der in die Weite des Lebens führen sollte, endet in der Sackgasse des Todes.

Dritter Erzählgipfel

Den dritten Gipfel nach Geburt und Initiation bildet die Bauernhochzeit. Doch weder diese selbst noch das Brautpaar stehen im Vordergrund, sondern Friedrich, dessen Lebensweg sich nun endgültig katastrophal zu neigen beginnt. Der Einbruch der persönlichen Krise durchkreuzt alle hochzeitlichen Erwartungen. Wieder wird das Ende des Handlungsabschnitts markiert durch einen Toten. Diesmal ist es der Jude Aaron, der Friedrich wegen einer Zahlungsmahnung vor allen Gästen blamiert hat. Im Affekt erschlägt der so Gekränkte den Juden.

Absoluter Tiefpunkt in Friedrichs Leben

Damit ist Friedrichs persönliche Entwicklung auf dem absoluten Tiefpunkt angelangt. Eine Zukunft für ihn gibt es nicht mehr. Der Sohn eines Vaters, der sich zu Tode gesoffen hat, der Mitschuldige an einem Totschlag ist nun selbst zum Mörder geworden. Der Tod holt alle Lebenshoffnungen ein und macht sie zunichte.

Finale: Friedrichs Heimkehr als Reise in den Tod

Das Finale steht im Zeichen der Heimkehr, wie Geburt, Initiation und Hochzeit eine existenzielle Grundsituation, an die sich positive Erwartungen knüpfen, verstärkt noch durch den Zeitpunkt am Heiligen Abend mit der Geburt Jesu und der verheißenen Erlösung. Für Friedrich Mergel ist eine Erlösung jedoch nicht vorgesehen. Sein Lebensweg neigt sich dramatisch. Heimkehr bedeutet nicht neues Glück, sondern die Erfüllung eines tragischen Schicksals. Dort, wo er vor 50 Jahren geboren wurde, setzt Friedrich seinem Leben ein Ende. Die Heimkehr wird zur Reise in den Tod, die Heimat des Heimgekehrten ist das Grab auf dem Schindanger.

Damit ist auch der vierte Höhepunkt umgeschlagen in einen nicht mehr unterbietbaren Tiefpunkt. Der Rahmen schließt sich. Sind im Binnenteil Opfer und Täter noch getrennt, und ist der Tod dort die Folge der Gewalt, die der eine dem anderen antut, so sind im Rahmen Opfer und Täter identisch. Sowohl der Vater wie der Sohn bringen sich bei deutlich vermindertem Bewusstsein selbst um, der eine sinnlos betrunken, der andere aus verletztem Stolz wie von Sinnen. Der Mensch, der andere und sich selbst zerstört, ist eine zutiefst tragische Gestalt, gefangen in einem Teufelskreis, aus dessen tödlicher Bestimmung es kein Entrinnen gibt.

Die holzschnittartigen, harten Kontraste von Aufbruch und Absturz, Erwartung und Enttäuschung, Leben und Tod bedingen eine sich in abrupten Wendungen vollziehende Erzählweise. Die vierfach gestaffelten Wendepunkte begründen ein markant novellistisches Erzählprofil. Für die Novelle des 19. Jahrhunderts charakteristisch ist dabei die konsequent tragische Pointierung, der jeweilige ausweglose Umschlag in die Katastrophe. Die Peripetie im Drama und der Wendepunkt in der Novelle sind vergleichbare Strukturelemente in der Gestaltung einer konsequent tragischen Weltsicht.

Vierfach gestaffelte Wendepunkte

Die Judenbuche stellt insofern eine Radikalisierung dieser tragischen Struktur dar, als sie die katastrophalen Wendungen vervierfacht und so die Unausweichlichkeit der Krise zur eigentlichen unerhörten Begebenheit erhebt, die Goethe in seinem berühmten Ausspruch als zentrales Merkmal der Novelle ansah: „(...) denn was ist die Novelle anders als eine sich ereignete unerhörte Begebenheit."[6]

Nicht Entwicklung, sondern Verwicklung

Die Novelle stellt nicht die Entwicklung, sondern die Verwicklung dar, nicht in erster Linie die Person, sondern den Prozess. Friedrich Mergel ist ein im Handlungsstrom Fortgerissener, ohne die Chance, verändernd zu seinen Gunsten in den Verlauf des Geschehens einzugreifen. *Die Judenbuche* ist in ihrer Struktur die novellistische Widerlegung des Entwicklungsromans. Sie erzählt von der Übermacht objektiver Kräfte und der Ohnmacht des Subjekts, von den Wechselfällen des Daseins, auf die Einfluss zu nehmen dem Einzelnen versagt ist. Die Verhältnisse, in die Friedrich hineingeboren wird, bestimmen seinen weiteren Lebensweg und prägen seine Verhaltensweisen. Am Ende ist er nur noch jemand, an dem sich der Fluch des Spruchs in der Judenbuche erfüllt, das Opfer einer magischen Kraft, die ihn in ihren Bannkreis zieht und vernichtet.

---

6 *Johann Peter Eckermann: Gespräche mit Goethe.* Hrsg. von O. Schönberger, Stuttgart 1994, S. 234.

3.4 Personenkonstellation und Charakteristiken

ZUSAMMEN-FASSUNG

Den sozialen Rahmen der *Judenbuche* bildet eine geschlossene, agrarisch bestimmte Gesellschaft. Das Übergewicht der Gruppe gegenüber den Einzelnen, wie es für geschlossene Gesellschaften typisch ist, führt zwar zum Erlebnis sozialer Geborgenheit, fördert zugleich aber auch den Gruppendruck auf das Individuum sowie Intoleranz und Inflexibilität innerhalb einer überwiegend normativ fixierten Struktur. Integration und damit Schutz in der Gruppe werden nur demjenigen gewährt, der sich den geltenden Normen unter Verzicht auf individuelle Entwicklung anpasst.

Die geschlossene Gesellschaft

Oberste Normen in der *Judenbuche*-Gesellschaft sind die Ansässigkeit, die guten Verhältnisse, die rassisch-religiöse Zugehörigkeit und ein mit der öffentlichen Meinung konformes Verhalten. Prototyp eines während des ganzen Geschehens angesehenen Mannes ist Wilm Hülsmeyer, auf dessen Ansässigkeit und gute wirtschaftliche Verhältnisse ausdrücklich hingewiesen wird. Gerade aufgrund seines gesicherten Wohlstands wächst er später zum gefürchteten Rivalen Friedrich Mergels heran.

Wer aber nun, wie der Jude, rassisch und religiös einer Minderheit angehört, genießt kein allgemeines Ansehen. Bei der folgenschweren Hochzeit äußert man den diffamierenden Vorschlag, den Juden gegen ein Schwein aufzuwiegen. Vergleichbar ist die gesellschaftliche Stellung des Försters, der von Dienst wegen die obrigkeitsstaatlichen Interessen gegen die Interessen der Dorf-

gemeinschaft vertritt und damit dem Gebot gruppenkonformen Verhaltens zuwiderhandelt.

Schließlich sehen sich auch die Mergels an den Rand gesellschaftlicher Achtung gedrängt, weil ihre Lebensumstände den dörflichen Vorstellungen von guten Verhältnissen weithin sichtbar widersprechen. Die gesellschaftlichen Standards erlauben keine Abweichungen. Wo sie dennoch erfolgen, gerät der Abweichende in ein Außenseitertum, das immer dann existenzbedrohende Formen annimmt, wenn es nicht, wie im Fall des Försters, durch öffentliches Ansehen oder durch relativen Wohlstand, wic beim Juden, erträglich gestaltet wird. Die Mergels verfügen weder über ein Amt noch über Geldmittel, sodass Friedrich von vornherein zum Außenseiter verurteilt scheint.

Das hindert Margreth jedoch nicht daran, ihren Sohn in die Urteile und Vorurteile der Dorfgemeinschaft einzuführen, der sie sich zugehörig fühlt und in der allein sie ihre Identität zu finden vermag. Von seiner Mutter lernt Friedrich, dass die Juden und die Förster zu den Ausgegrenzten gehören und der ansässige Hülsmeyer auch dann noch im Recht ist, wenn er dem Juden Gewalt antut. Überhaupt scheinen die Frauen bis zur Selbstaufgabe integriert in eine von Männern normierte und beherrschte Gesellschaft. Die Braut der Bauernhochzeit muss sich in aller Demut vom viel zu alten Bräutigam sagen lassen: „(…) bedenk, du bist es nicht, die mich glücklich macht, ich mache dich glücklich!“ (HL S. 29/R S. 39).

Die Entwicklung Friedrich Mergels

In der Entwicklung Friedrich Mergels als eines Angehörigen der Dorfgemeinschaft zeigt sich, dass im Unterschied zum Juden und zum Förster der Weg in die Integration durchaus nicht versperrt ist. Wenn es ihm auf der Basis gruppenkonformen Verhaltens gelingt, seine Lebensumstände den Vorstellungen seiner Umwelt anzugleichen, und sei es auch nur zum Schein, so besteht die Möglichkeit, sich die allgemeine Anerkennung zu sichern. Entscheidende Bedeutung kommt in diesem Zusammenhang dem Auftritt Simon Semmlers zu, der dem jungen Friedrich die Chance bietet, aus den schlechten, von der Gruppe geächteten Verhältnissen herauszukommen.

Im Sinne obrigkeitsstaatlichen Rechtsdenkens und einer moralischen Lebensführung mag Semmler eine recht fragwürdige Existenz sein; als Wegbereiter zur ersehnten, weil für die Selbstachtung notwendigen Integration in die Dorfgemeinschaft ist er höchst willkommen. Margreth ahnt das Zwielichtige ihres Bruders durchaus; sie kann es sich aber unter dem Druck der Verhältnisse nicht leisten, sich gegen das Angebot Simons zu sperren. Allzu sehr ist der Einzelne determiniert durch die Allmacht der Gruppe. Trotz seines jugendlichen Alters hat auch Friedrich die Bedeutung integrativen Verhaltens erkannt. Seinem Onkel gegenüber benimmt er sich von Anfang an anstellig und ergeben.

Allmacht der Gruppe und ihren Normen

In einem Milieu wie der Dorfgemeinschaft lässt sich nur durch die Unterwerfung unter die Gruppennormen eine existenzsichernde Identität begründen. Hier liegt der Grund für Friedrichs Empfindlichkeit und für seine Repräsentationssucht, eine Überkompensation seiner früheren, gesellschaftlich geächteten Verhältnisse. Auf

Roland Teubner als Friedrich Mergel im Film *Die Judenbuche* von 1980 © ullstein bild – United Archives

Gedeih und Verderb ist er, wie jeder in der Gruppe, ihren Normen verpflichtet, und gerade er darf sich im Rückblick auf seine Herkunft kaum einen Fehltritt leisten, ohne empfindliche Sanktionen fürchten zu müssen.

Der Doppelgänger

Friedrich Mergel wird von seinem Doppelgänger Johannes Niemand wie von einem Schatten verfolgt. Dessen Bedeutung besteht vor allem darin, ihm die ständig drohende Gefahr des totalen Identitätsverlusts vor Augen zu führen. Auf dem Höhepunkt von Friedrichs gesellschaftlicher Achtung ist von Johannes nicht die Rede, bis er dann bei der verhängnisvollen Bauernhochzeit wieder in Erscheinung tritt.

Johannes' Butterdiebstahl versetzt Friedrichs Ansehen den ersten Schlag. Angesichts des allgemeinen Gelächters äußert sich seine gesellschaftliche Frustration in einem spontan-aggressiven Verhalten gegen Johannes. Sein gesellschaftliches Schicksal aber ist besiegelt, als der Jude Aaron auftaucht und die Bezahlung der Uhr fordert, die Friedrich zum Zeichen seiner anscheinend guten Verhältnisse zur Schau trägt. Da Friedrich nicht zahlen kann, stürzt das mühsam errichtete Kartenhaus seiner gesellschaftlichen Achtung mit einem Schlag zusammen. Friedrich ist endgültig aus der Gruppenidentität herausgefallen. Er hat damit auch seine allein auf das Gruppenansehen gegründete Selbstachtung verloren. Unversehens sieht er sich dem Nichts gegenüber, nachdem seine guten Verhältnisse in ihrer Scheinhaftigkeit entlarvt worden sind.

Totaler Identitätsverlust Friedrich Mergels

Es ist bezeichnend, dass man bei Friedrichs Rückkehr ins Dorf nach achtundzwanzig Jahren in ihm Johannes Niemand zu erkennen glaubt und er diesen Glauben von Anfang an unterstützt. Der wirkliche Johannes taucht nicht mehr auf, weil Friedrich angesichts des totalen Verlusts seiner Identität mit ihm eins geworden ist.

Achtung und Ächtung

Im Freitod Friedrich Mergels offenbart sich die Selbstaufgabe als notwendige Folge aus der die persönliche Identität deformierenden Ächtung durch die Gesellschaft, in die er hineingeboren wurde. Nur in diesem Rahmen hätte er zu sich selbst finden können. Wenn Friedrichs Leiche schließlich auf dem Schindanger landet, so findet die allgemeine Ächtung darin ihren makabren Höhepunkt. Deutlich wird, wie unerbittlich sowie jegliches Verzeihen ausschließend und das Leben des Einzelnen überdauernd die Normen der Gruppe sind. Dies gilt am Rande der Ereignisse auch für Simon Semmler, der, schließlich ganz verarmt, Bettelbrot essen muss und in einem fremden Schuppen stirbt. Herausgestoßen aus den guten Verhältnissen, die die Basis seiner gesellschaftlichen Anerkennung bildeten, sieht auch er sich einer totalen Ächtung ausgesetzt.

Dominanz der Gruppenidentität

In der Entwicklung Friedrich Mergels bildet sich eine Bewusstseinsstruktur ab, die gekennzeichnet ist von der Dominanz der Gruppenidentität. Bewusstseinsstrukturen wie diese dürften innerhalb geschlossener Gesellschaftsformationen allgemein vorherrschen, insbesondere aber, und das ist von realgeschichtlicher Bedeutung, in der restaurativen Gesellschaft, die einen kollektivierenden Druck auf den Einzelnen ausübte und jegliche Form individueller Mitgestaltung des öffentlichen Lebens verhinderte.

Die Außenseiter

Verstrickungen unter dem Druck von Gruppennormen

Im Rahmen eines fast authentischen Geschehens setzt sich die Droste mit der kollektiven Bewusstseinsstruktur der restaurativen Geschichtsphase auseinander. Sie stellt die unweigerlich negativen Konsequenzen und die tragischen Verstrickungen unter dem Druck von Gruppennormen deutlich heraus. Das gewaltsame Ende des Försters und des Juden, beide Außenseiter in der Dorfgemeinschaft, signalisiert die Gefahren einseitiger Gruppenorientierung.

Der Förster stirbt, weil er sich von Amts wegen gegen das Gewohnheitsrecht und die öffentliche Meinung stellt. Der Jude ist Opfer einer sich in maßloser Aggression äußernden Frustration. Auf der Strecke bleibt der außerhalb der Gruppe Stehende, sei es aufgrund seines Amts oder seiner religiösen Zugehörigkeit.

Keine Individualität möglich

Das individuelle Gewissen ist angesichts der Diktatur von Gruppennormen zum Schweigen verurteilt. Regt es sich bei Friedrich wider Erwarten, wie nach der Ermordung des Försters, wird es von Simon Semmler durch Einschüchterungen, Falschaussagen und Drohungen unterdrückt. Wenn er nicht seine Existenz aufs Spiel setzen will, muss Friedrich sich fügen. In Simon Semmler gewinnen die bedrohlichen Tendenzen einseitiger Orientierung an der Gruppe Gestalt. Eindeutig steht er auf der Seite der öffentlichen Meinung und des Gewohnheitsrechts. Für Margreth bedeutet der Besuch ihres Bruders, der in angesehenen Verhältnissen lebt, eine Ehre und zugleich die Möglichkeit, für ihren Sohn gesellschaftlichen Anschluss zu finden. Indem sie das Sorgerecht für Friedrich praktisch auf ihn überträgt und Friedrich willig Folge leistet, wird Simon zur Leitfigur, zum „Führer", wie es ausdrücklich heißt, dem man selbst dann zu Willen sein muss, wenn er Entscheidungen und Handlungen verlangt, die gegen das eigene Gewissen und die Gebote der Menschlichkeit verstoßen.

Führer und Verführte

Wie sehr die Identifikation Friedrich Mergels mit seinem Onkel Simon in der Folgezeit voranschreitet, macht die Droste durch einen Vergleich anschaulich. Bei seinem ersten Besuch wird von Simon gesagt, er habe ein Gesicht „wie ein Hecht" (HL S. 9/R S. 12), später, bei der Hochzeit, heißt es dann von Friedrich: „Fußhoch über die Andern tauchte sein blonder Kopf auf und nieder, wie ein Hecht, der sich im Wasser überschlägt (…)." (HL S. 27/R. S. 37)

Die außerordentlichen Schwierigkeiten, eine autonome Identität auszubilden, machen den Einzelnen anfällig für die Verführung durch Gruppennormen, die Simon für die Dorfgemeinschaft exemplarisch verkörpert. In Friedrichs Lebensgeschichte werden die negativen Konsequenzen solcher kollektiver Bewusstseinsbildungen sichtbar. Da sind die Eltern, die sich aufgrund ihres Verhaltens und ihrer sozialen Stellung als Leitbilder kaum anbieten; überdies stirbt Friedrichs Vater früh. Da ist Simon als sozial höher gestellte Leitfigur und Vaterersatz, der die Identifikation Friedrichs mit den Standards der Außenwelt fördert. Und da ist schließlich die unversöhnliche Haltung den Feinden (= Außenseitern) gegenüber, der Friedrich in letzter Konsequenz selbst zum Opfer fällt. Die Selbstaufgabe in der Gruppe mündet in tragischer Folgerichtigkeit in die physische Zerstörung.

Friedrichs Lebensgeschichte: negative Konsequenz kollektiver Bewusstseinsbildungen

Der *Judenbuche* liegt das konsequente Modell einer außengesteuerten Gesellschaft zugrunde. Da die Ausbildung eines autonomen Über-Ichs offenbar ausgeschlossen ist, entsteht die Neigung, das Über-Ich in der Außenwelt zu sehen und sich mit den Werten und Zielen dieses fremden Über-Ichs zu identifizieren. Die Gesellschaft zerfällt in eine nonkonforme *Out-group* und eine konforme *In-group*. Wenn die äußere, normative Instanz eine unversöhnliche Haltung gegenüber den zu Feinden diffamierten Mitgliedern der *Out-group* nahelegt, kommt es zu gewaltsamen Übergriffen und Mord. In letzter Konsequenz richtet sich die Aggression gegen die eigene Person, sobald der Einzelne aus der *In-group* ausgestoßen ist.

Modell einer außengesteuerten Gesellschaft

Täter und Opfer, Führer und Verführte stehen sich in der Gesellschaft der Novelle gegenüber. Die Entfaltung einer autonomen, innengesteuerten Persönlichkeit scheint in der novellistischen Fiktion wie in der realgeschichtlichen restaurativen Lebenssituation ausgeschlossen.

3.5 Sachliche und sprachliche Erläuterungen

HL S. 1 R S. 1	**Sittengemälde**	Der Untertitel ist eigentlich der von der Dichterin gewählte Haupttitel der Novelle. Das Sittengemälde als Gattungsbezeichnung steht weniger in der Nähe des idyllischen Genrebilds als vielmehr des Zeitromans, der ein kritisches Bild der jeweiligen Gesellschaft bzw. ihrer Schichten zu geben versucht.
HL S. 3 R S. 3	**Wo ist die Hand (...)**	Aller Wahrscheinlichkeit nach hat die Droste den Vorspruch selbst formuliert. Dafür sprechen die auffälligen Anklänge an das „Geistliche Jahr": „Da liegt der Stein, den meine sünd'ge Hand / In Schwung zu setzen, ach, nur zu gewandt." (am siebten Sonntag nach Pfingsten, vgl. Joh. 8,7); „Soll ich es wagen / Gegen die Waagschal' schwer! Zu legen meiner Reue späte Triebe?" (am vierten Sonntag nach Hl. Drei Könige).
	Halbmeier	ein dem Grundherrn verpflichteter Bauer
	im Dorfe B.	Gemeint ist das Dorf Bellersen bei Brakel.
	geschichtlich merkwürdigen Gebirges	Die Droste spielt auf den Teutoburger Wald an, in dem 9 n. Chr. die Varus-Schlacht stattgefunden hat, in der Armin der Cherusker die Römer besiegte. Vom Schauplatz der Novelle ist das Gebirge jedoch ungefähr 20 Kilometer entfernt.
	einer jener abgeschlossenen Erdwinkel	Die geografische Lage ist Symbol für die Enge restaurativer Lebensverhältnisse, die die Droste in exemplarischer Weise darzustellen versucht.
	Ulysses	Ähnlich wie beim Hinweis auf den Teutoburger Wald soll durch die Erwähnung des Helden aus Homers „Odyssee" die Bedeutung des novellistischen Geschehens hervorgehoben werden.

HL S. 3 R S. 4	**niedere Gerichtsbarkeit**	Die Gutsherren übten in ihrem Bezirk die sogenannte Patrimonialgerichtsbarkeit aus, die in Westfalen erst 1848 endgültig abgeschafft wurde. Der Gutsherr erließ polizeiliche Verordnungen und belegte ihre Verletzungen mit strafrechtlichen Sanktionen. Über Bellersen besaßen die Freiherrn von Haxthausen überdies die Kriminalgerichtsbarkeit; daher ist der Gutsherr später auch zuständig für die Untersuchung des Mordfalls.
	Menschenschlag	In den „Westfälischen Schilderungen" beschreibt die Droste den Paderborner wie folgt: „Selbst der Roheste ist schlau und zu allen Dingen geschickt, weiß jedoch selten nachhaltigen Vorteil daraus zu ziehen, da er sein Talent gar oft in kleinen Pfiffigkeiten, deren Ertrag er sofort vergeudet, erschöpft, (...) die Schenken sind meist gefüllt mit Glückseligen, die sich einen oder ein paar blaue Montage machen, um nachher wieder auf die alte Weise fort zu hungern und taglöhnern. – So verleben leider viele, obwohl in einem fruchtbaren Lande und mit allen Naturgaben ausgerüstet, die sonst in der Welt voranbringen, ihre Jugend in Armut und gehen einem elenden Alter am Bettelstabe entgegen."[7]
	Holz- und Jagdfrevel	Die Holzrechte spielten in der Gutsherrschaft Haxthausen eine große Rolle. Die Freiherren beanspruchten alle Holzrechte. Die Bredenborner, denen lediglich das Recht auf das Les- und Fallholzsammeln eingeräumt wurde, sahen sich als Miteigentümer der beiden Forste an.

7 Annette von Droste-Hülshoff: *Westfälische Schilderungen (1845)*, hrsg. v. Winfried Freund, Paderborn 1991, S. 25.

HL S. 4 R S. 5	**eines Flusses**	Gemeint ist die ungefähr 15 Kilometer entfernte Weser, die mit dem authentischen Geschehen, soweit es der Novelle zugrunde liegt, nichts zu tun gehabt haben dürfte.
	Scharmützel	Gefecht, militärisches Geplänkel; das Fremdwort setzt sich ab dem 18. Jahrhundert durch.
	Leitbock	eventuell früher symbolischer Verweis auf die in der Novelle zentrale Problematik der Leitbildorientierung
HL S. 5 R S. 6	**vergnügt**	zufrieden
	blutrünstig	blutend, blutüberströmt
	verlegen	durch zu langes Liegen in Trägheit versunken, entwertet, verdorben
HL S. 6 R S. 8	**Fest der heiligen drei Könige**	Die dreizehn Tage bzw. zwölf Nächte („Raunächte") von Weihnachten bis zum Dreikönigstag am 6. Januar gelten als die dunkelsten Tage des Jahres, insbesondere die zwölfte Nacht, der im Aberglauben etwas Gespenstisches und Bedrohliches anhaftet.
HL S. 8 R S. 10	**Bittfahrt zur Muttergottes von Werl**	Die Muttergottes von Werl (Kreis Soest) in der dortigen Franziskanerkirche wird seit dem 17. Jahrhundert verehrt.
	mit den schwarzen Bändern	Zur Begräbnistracht gehörte eine Mütze aus schwarzem Tuch mit schwarzen Bändern.
	Schelm	Bösewicht
HL S. 9 R S. 11	**Es ist gewöhnlich (...) abzusprechen**	Wiedergängermotiv; zum Wiedergänger wird nach verbreitetem Volksglauben jemand, der ohne Buße und Absolution vorzeitig und auf schlechte Weise stirbt.
HL S. 9 R S. 12	**wie ein Hecht**	Der Vergleich mit dem Raubfisch veranschaulicht das raubsüchtige Wesen Simons, seinen ausgeprägten Egoismus.

	zu spät gefreit	Simon lässt bei seinem ersten Auftritt eine ganze Reihe von Sprichwörtern in seine Rede einfließen. Sie kleiden Erfahrungen und Werthaltungen einer Gruppe in volkstümliche, leicht fassliche Aussageformen.
HL S. 10 R S. 13	**im Telgengrund**	im Eichenkamp
	Simons rötliche Bürsten	Die roten Haare sind gelegentlich als Indiz des Teuflischen genommen worden, weil nach dem Volksglauben auch der Teufel rothaarig sein soll.
	blöde	zaghaft, schüchtern
HL S. 11 R S. 14	**Zauberspiegel**	Das in der Romantik häufig verwendete Motiv (vgl. E. T. A. Hoffmanns „Abenteuer der Silvesternacht") steht hier sowohl im Zusammenhang mit der Zukunftsvorausdeutung als auch (wie bei Hoffmann) mit der Problematik des Identitätsverlusts. Die Droste überträgt das Motiv auf den Menschen. Friedrich, der sich in Simon gespiegelt sieht, verliert seine Identität.
HL S. 12 R S. 15	**einer weiten Buche**	erster Hinweis auf das Leitsymbol der Novelle
HL S. 12 R S. 16	**verpönt**	strafbar, mit Strafe belegt
	Das ist die breite Eiche.	Da der Novellentitel von Hermann Hauff erst nach Abgabe des Manuskripts festgelegt wurde, hat die Droste offenbar nicht an allen Stellen eine entsprechende Korrektur vorgenommen. Gewisse Buchen und Eichen wurden aber gleichermaßen mit den Juden verbunden, weil ihnen der Zutritt in christliche Gasthäuser verwehrt war und sie unter einem Baum rasten mussten.

HL S. 13 R S. 18	**sein verkümmertes Spiegelbild**	Wiederum greift die Droste auf romantische Motivik zurück, diesmal auf das Motiv des Doppelgängers. Während die Romantiker im Doppelgänger die Spaltung des Ichs zwischen einer realen und einer idealen Existenz abbildeten, setzt die Droste das Motiv zur Veranschaulichung des Konflikts zwischen personaler und sozialer Identität ein. In Johannes spiegelt sich der verkümmerte Zustand der Person Friedrichs. Friedrichs selbstbewusstes Auftreten zeugt dagegen vom Bewusstsein erfolgreicher Sozialisation. Zugleich überlebt im Doppelgänger das verkümmerte Individuum, das mit zunehmender Verabsolutierung der sozialen Identität immer tiefer in die existenzielle Verkümmerung hineingeraten muss.
HL S. 15 R S. 19	**falscher Eid**	Die Vermutung liegt nahe, dass es sich bei Johannes um ein uneheliches Kind Simons handelt, Simon die Vaterschaft jedoch abgeschworen hat.
HL S. 15 R S. 20	**mein einziger Bruder**	Das ist eine Unstimmigkeit, da vorher vom Bruder Franz die Rede ist.
	Hechelkrämer	Hausierer mit Kämmen
HL S. 16 R S. 22	**Blaukittel**	Bei der Namensgebung der Holzfrevler greift die Droste wohl auf den Umstand zurück, dass im Paderbornischen die Männer bei der Arbeit gewöhnlich blaue Kittel trugen.
HL S. 17	**wie die Wanderraupe**	Heinz Rölleke hat mit einigem Recht darauf verwiesen, dass es sich um die Raupe des Eichenprozessionsspinners handelt, der, massenhaft auftretend, ganze Laubwälder vernichten kann.
	Topholz	wertloses Holz aus den Baumwipfeln

HL S. 17 R S. 23	**und schnitzelte an einem Weidenstabe**	Das Schnitzen stellt den Versuch dar, dem Naturgewachsenen Gestalt zu geben, so wie Friedrich darum bemüht ist, aus sich etwas zu machen. Bei der Schnitzarbeit entsteht aber nur ein „ungeschlachtes Tier".
HL S. 18	**Aufschlag**	junger Holzaufwuchs aus schwerem Samen
HL S. 18 ff. R S. 24 f.	**(...) seine Augen (...) nahmen den ihnen eigentümlichen glasartigen Glanz an (...) – wie Krystallkugeln**	Die Versuche, Friedrich aufgrund des Gläsernen in seinem Blick mit den westfälischen Vorschauer-Gestalten in Verbindung zu bringen, scheinen abwegig, zumal sich in der Novelle selbst kein Anhaltspunkt für eine solche Annahme bietet. Das entscheidende Merkmal des Bildes ist das Glasartige, was der Darstellung der Vorschauer durch die Droste sonst fehlt. Sowohl das Glasartige als auch das Kristallene verweisen eher auf die mitleidlose Verhärtung Friedrichs im Kampf um den Erhalt seiner sozialen Identität, die sich nur mit skrupelloser Härte aufbauen ließ.
HL S. 19 R S. 26	**an der Buche**	Mit der Buche wird der Ort negativer Entwicklungen ganz allgemein bezeichnet. Hier, wo bereits Hermann Mergel zugrunde gegangen ist, beginnt der in den Tod führende Weg des Försters; auch Aaron und Friedrich werden an dieser Stelle den Tod finden.
HL S. 22 R S. 30	**wenn die Kinder klein sind**	Heinz Rölleke hat das Sprichwort im Nachlass der Brüder Grimm in westfälischer Mundart nachweisen können: „Wenn de Kinner klein sind, tredet se ein in en Schoot, un sind se grot, so tredet se ein in t Herte."[8]
	Anzeigen	Anzeichen, Hinweise

8 Vgl. Heinz Rölleke: Miszelle zur Judenbuche. In: *Beiträge zur Droste-Forschung 2*, 1972/1973, S. 139 f.

HL S. 24 R S. 33	**Mariä Himmelfahrt**	15. August
HL S. 25 R S. 34	**du sollst kein Zeugnis ablegen**	Richtig lautet das achte Gebot: „Du sollst gegen deinen Nächsten kein falsches Zeugnis ablegen." Entscheidend ist die Auslassung des Attributs „falsches", wodurch Simon sich indirekt als schuldig bekennt, denn in seiner Situation muss er in der Tat jedes Zeugnis fürchten, also auch das richtige.
	„Wo ist Eure Axt?"	Friedrich hatte beim Gerichtsverhör in der Axt mit dem ausgebrochenen Splitter am Stil die Axt seines Onkels erkannt. Die Axt, die Friedrich auf der Tenne entdeckt, ist offenbar neu. Die alte ist die Mordwaffe. Sie ist am Tatort zurückgeblieben. Demnach ist Simon der Mörder des Försters.
HL S 26 R S. 35	**Wilm Hülsmeyer**	Der junge Bauernsohn spielt die Rolle einer Kontrastfigur. Im Unterschied zu Friedrich verfügt er von vornherein über eine gesunde soziale Identität, die ihn überlegen macht. Er ist es auch, der die Entlarvung Friedrichs vor der Hochzeitsgesellschaft einleitet.
HL S. 26 R S. 36	**der blaue Montag**	Seit dem Mittelalter belegte Redensart; der Tag nach dem Sonntag wird noch zu einem großen Teil mit Müßiggang verbracht.
HL S. 27	**Pfandstall**	Stallung für gepfändetes Vieh
	ad libitum	nach Belieben
HL S. 27 R S. 37	**Papen van Istrup**	Istrup ist ein Dorf zwischen Brakel und Bad Driburg; Pape bedeutet Pfaffe. Gemeint ist ein seinerzeit beliebter Tanz, der in einem Durcheinanderwirbeln und Verschlingen besteht.
	wie ein Hecht	Die Identifikation Friedrichs mit seinem „Führer" Simon ist bereits so weit vorangeschritten, dass nun auch auf ihn der gleiche

		Vergleich Anwendung finden kann. Wie von seinem Onkel, so hat von ihm ebenfalls das raubsüchtige Wesen Besitz ergriffen.
HL S. 28 R S. 38	**Wischhader**	Scheuertuch
HL S. 28 R S. 39	**die weiße Stirnbinde**	Das Anlegen der weißen Stirnbinde weist symbolisch darauf hin, dass die Braut nun von ihrem Mädchentum geschieden wird. Ausdruck des Trennungsschmerzes ist das rituelle Weinen.
HL S. 28ff.	**der Bräutigam des hohen Liedes**	Die Droste verwendet sowohl die Bräutigam-Symbolik des Hohen Liedes als auch eine Stelle aus dem 19. Psalm, wo es heißt (Vers 5/6): „Er hat der Sonne eine Hütte an ihnen gemacht; und dieselbe geht heraus wie ein Bräutigam aus seiner Kammer (...)." Im Hohen Lied findet sich der allerdings auf Sulamith bezogene Ausspruch: „Wer ist, die hervorbricht wie die Morgenröte, schön wie der Mond, auserwählt wie die Sonne?" (Das Hohe Lied, Kapitel 6, Vers 10)
HL S. 29	**Dreifuß**	Eisernes Kochgerät auf drei Füßen, auf das Kessel und Töpfe gesetzt wurden.
	gegen ein Schwein	Nach mosaischem Glauben zählt das Schwein zu den unreinen Tieren. Insofern dürfte der Vorschlag, den Juden gegen ein Schwein zu wiegen, eine gezielte Diffamierung sein, gerichtet gegen den Angehörigen einer Minderheit. Versteckt übt die Droste jedoch Kritik an einem solchen Verhalten, indem sie gleich im nächsten Abschnitt den Gutsherrn betrunkene Hochzeitsgäste ebenfalls mit Schweinen vergleichen lässt. In der christlichen Kunst gilt das Schwein u. a. als Hinweis auf die Unmäßigkeit, also auch auf die maßlose Diffamierung anderer Gruppen.

HL S. 29 R S. 40	**Mergels Geist**	Die Stelle ist mehrdeutig, insofern sie sowohl auf den Spuk als auch durch das Geklapper aneinander geschlagener Stöcke auf den wirklichen Totschlag verweist. Die Verknüpfung des makabren, aber realen Vorgangs mit fantastischen Elementen in der Darstellung ließe sich deuten als Ausdruck der sozialen Isolation Friedrichs, der durch die grausige Tat aus dem Sozialverband herausfällt und dadurch bereits zu Lebzeiten gleichsam zu einer gespenstischen Erscheinung verfremdet wird. Heranzuziehen wären hier die schon früher verwendeten Motive des Wiedergängers und des Zauberspiegels, die beide auf Identitätsverlust hindeuten.
HL S. 30	**nach dem Kopfe eines (...) Pferdegerippes**	Der auf eine Stange gesteckte Pferdekopf galt als Zaubermittel gegen Geister und das von ihnen ausgehende Unheil. Auf diesen Aberglauben geht wohl auch die Verwendung des Pferdekopfes als Giebelzier zurück.
HL S. 30 R S. 41	**Evangelium Johannis**	Insbesondere der Prolog des Johannes-Evangeliums, in dem vom wahren Licht die Rede ist, spielt eine große Rolle im Wetterzauber als Abwehrmittel gegen Gewitter. Zugleich klingt mit der Erwähnung des Johannes-Evangeliums im unmittelbaren zeitlichen Zusammenhang mit der Mordtat das auch in den Eingangsversen und später im Weihnachtslied hervortretende Gnadenmotiv an.
HL S 31 R S. 42	**Aug um Auge, Zahn um Zahn!**	3. Mose 24, 20: „Schade um Schade, Auge um Auge, Zahn um Zahn; wie er hat einen Menschen verletzt, so soll man ihm wieder tun." Die Unbarmherzigkeit des altjüdischen Gerechtigkeitsdenkens wird durch die Gnadenlehre Christi überwunden, wie sie in den Eingangsversen hervortritt. Die symbolische Verarbeitung des Alten und Neuen Testaments durch die Droste lässt als einen Leitwert der

		Novelle die Überwindung menschlicher Aggression durch die Liebe zum Mitmenschen erscheinen.
HL S. 32 R S. 44	**perpendikulär**	senkrecht
HL S. 34 R S. 46	**die Inschrift an der Buche**	Wahrscheinlich hat die Droste den Spruch in deutscher Sprache selbst formuliert. Übersetzt wurde er wohl von Alexander Haindorf (1782–1862), der seit 1815 Dozent für Chirurgie und Psychiatrie in Münster war und die Gründung einer jüdischen Erziehungsanstalt betrieb.
	Le vrai n'est pas toujours vraisemblable.	Die Droste zitiert hier nach Boileaus „Art Poétique", wo es wörtlich heißt: „Jamais au Spectateur n'offrez rien d'incroyable. / Le Vrai peut quelque fois n'être pas vraisemblable."[9]
HL S. 34 R S. 47	**Schlemmingsche Bande**	Gemeint ist eine Diebesbande unter der Führung eines aktenmäßig bezeugten Philipp Schlemming, die um 1780 in Hessen mehrere Raubzüge unternahm. Eine Verbindung zum authentischen Geschehenskern der Novelle besteht nicht.
HL S. 35	**Schloss B.**	Als Modell hat der Droste hier das Schloss Bökerhof vorgeschwebt, das ihr Großvater Werner Adolf von Haxthausen erbauen ließ.
	hektisch	schwindsüchtig
HL S. 35 R S. 48	**Ein Kindelein so löbelich (...)**	Es handelt sich um ein vierstrophiges Lied, das aus dem 15. Jahrhundert stammt und in Münsterischen Gesangbüchern des frühen 19. Jahrhunderts verbreitet war. Die Droste wird es dem Gesangbuch C. B. Verspoells (Münster 1820) entnommen haben.

———

9 Nicolas Boileau: *L'art poetique – Die Dichtkunst*. Hrsg. von U. und H. L. Arnold. Stuttgart 1967, S. 38. Deutsche Übersetzung: „Führt dem Zuschauer nie Unglaubwürdiges vor; zuweilen wirkt selbst Tatsächliches unwahrscheinlich." (ebd., S. 39)

HL S. 38 R S. 52	**Krieg mit den Türken**	Hier handelt es sich um eine poetische Freiheit, da es in der genannten Geschichtsphase keine Kriege zwischen Österreich und den Türken gab.
HL S. 40 R S. 54	**die Schere an seinem Lebensfaden**	Die abschüssige, zum Tod hingeneigte Entwicklung ist unaufhaltsam. In diesen Zusammenhang gehört die Anspielung auf die Parze Atropos, die unbestechlich wie das Schicksal den Lebensfaden abschneidet, wenn die vorgesehene Zeitspanne abgelaufen ist.
	Aequinoctium	Tag- und Nachtgleiche um den 21. März und den 23. September
HL S. 40 R S. 55	**er schnitt ihn aber ganz entzwei**	Friedrich schnitzt nach seiner alten Gewohnheit. Das Entzweischneiden steht symbolisch für die Selbstaufgabe.
HL S. 42 R S. 57	**breite Narbe**	Die Narbe, die an dieser Stelle zum ersten Mal erwähnt wird, ist ein Identifikationsmerkmal. Man könnte sie in Verbindung bringen mit der anfänglichen Erwähnung des Ulysses (Odysseus). Auch der griechische Heimkehrer wurde von seiner Amme an einer Narbe erkannt. Die motivliche Verknüpfung der Novelle mit dem homerischen Epos könnte auf die immer wieder auftauchende Thematik des Umgetriebenseins des Menschen verweisen.
HL S. 42 R S. 58	**Schindanger**	Selbstmord ist nach christlicher Auffassung eine schwere Sünde gegen das 5. Gebot. Daher versagte die Kirche dem Selbstmörder ein kirchliches Begräbnis. Der Schindanger, auf dem Friedrich seine letzte Ruhestätte findet, ist der Ort, wo der Schinder oder Abdecker dem toten Vieh die Haut abzog. In der Quelle ist ein kirchliches Begräbnis möglich, weil man den Selbstmörder als geistesgestört betrachtet. Die Droste wählt den unbarmherzigen Schluss als absolute Gegenposition zu den Eingangsversen, die damit auf dialektischem Weg ins Leserbewusstsein zurückgerufen werden sollen.

3.6 Stil und Sprache

ZUSAMMEN-FASSUNG

- → Souveräne Verfügung der Autorin über Ort, Zeit und Personen
- → Sinnbildhafte Vertiefung durch Leit- und Dingsymbole
- → Erzählstrategie des Verhüllens und Enthüllens
- → Beredtes Schweigen als prägender Erzählstil
- → Wechsel zwischen szenischen Darstellungen und zusammenfassenden zeitlichen Überbrückungen
- → Funktion der Verseinlagen und der hebräischen Aufschrift

„Aber dies Alles hat sich wirklich zugetragen; ich kann nichts davon oder dazu tun.“ (HL S. 24/R S. 33) *Die Judenbuche* fingiert ein authentisches Geschehen. Der realgeschichtliche Hintergrund ist lediglich Anlass für den Entwurf einer eigenständigen literarischen Welt. Souverän verfügt die Erzählerin über Orte, Zeit und Personen, in die sie nach der jeweiligen Erzählintention Inneneinsichten vermittelt, was mit der Beteuerung, objektiv berichten zu wollen, im Grunde nicht vereinbar ist.

Symbolische Vertiefungen

Fiktionales Gestalten tritt dort besonders hervor, wo symbolische Vertiefungen erfolgen, Gegenstände, Situationen, Handlungen und bestimmte Aussagen der handelnden Personen sinnbildhafte Bedeutung annehmen.

Leitsymbol

Dies gilt in besonderem Maße für das Leit- oder Dingsymbol der Buche bzw. Eiche. Der Baum markiert jeweils einen Geschehensort, von dem tragische Entwicklungen ausgehen. Überhaupt steht der Baum für gewachsenes, natürliches Leben. Das Fällen zur Unzeit, wenn der Baum noch im Wachstum begriffen ist, verweist auf die problematische Situation der Hauptgestalt, der eine persönliche Reifung versagt bleibt.

Die Natur als Sinnspiegel des Menschen

In diesen Zusammenhang gehört auch das Schnitzen. Der Versuch, dem Naturstoff Gestalt zu geben, misslingt ebenso wie das Streben des Helden nach einer menschlich überzeugenden Identität. Das ungeschlachte Tier als Ergebnis der Schnitzarbeit verweist auf den ungefügten, ungebildeten Menschen. Das gänzliche Zerschneiden des Schnitzwerks deutet auf Selbstzerstörung. Die Natur wird im Prozess fiktiven Gestaltens zum Sinnspiegel des Menschen.

Der Leser als Detektiv

Die objektive Berichterstatterin, als die sich die Erzählerin vorstellt, ist nur eine Rolle im Spiel zwischen Verhüllen und Enthüllen, in einer Erzählstrategie, die den Leser angesichts eines scheinbar undurchschaubaren Falls und dessen verrätselnder Darstellung zum Detektiv macht. Lesen bedeutet Ermittlungs- und Aufklärungsarbeit. Nicht allein der Gegenstand der Erzählung ist kriminalistisch, sondern vor allem auch die Erzählstruktur. *Die Judenbuche* provoziert den produktiven Leser, der die vielfach gelegten Spuren aufnimmt und ihnen nachgeht, bis er am Ziel ist und die Wahrheit offenbar wird.

Der aufmerksam Lesende ahnt bereits beim frühen Erziehungsgespräch Margreths mit ihrem Sohn, in dem sie sowohl die Juden als auch den Förster diffamiert, schlimme Folgen für die Bewusstseinsbildung des Heranwachsenden. Zwielichtig erscheint von vornherein der Onkel. Gerade weil nirgendwo ein Wort fällt über seine Aktivitäten, sie also offenbar verschwiegen werden müssen, erwecken sie den Eindruck des Fragwürdigen und Gesetzwidrigen.

Erzählstil: Kunst des beredten Schweigens

Der Erzählstil ist geprägt von der Kunst des beredten Schweigens: Je pointierter etwas verschwiegen wird, desto deutlicher tritt es an den Tag. Mit keinem Wort wird bei der Begegnung Friedrichs mit dem Förster gesagt, dass der junge Mergel Spitzeldienste für die Blaukittel leistet, und doch sprechen seine Blicke, sein Verhalten und die effektvoll gesetzten Anspielungen eine eindeutige Sprache. Was verbal verhüllt erscheint, tritt in nonverbalen Akten klar hervor.

Beim Gerichtsverhör fällt Friedrichs Blick wie beiläufig auf den Stiel der Axt mit dem ausgebrochenen Splitter; obwohl nichts weiter erklärt wird, ist dem Leser spätestens beim nachfolgenden Gespräch mit Simon klar, dass Friedrich die Axt des Onkels erkannt hat und über die Identität des Mörders kein Zweifel bestehen kann.

Schließlich wird auch der Totschlag des Juden nicht geschildert, aber nach der vorausgegangenen Auseinandersetzung auf der Bauernhochzeit, der Flucht Friedrichs und spätestens durch seinen Selbstmord, mit dem er den hebräischen Spruch an der Buche erfüllt, ist klar, wer der Täter ist, auch wenn vorher geschickt falsche Spuren gelegt worden sind. Verhüllen und Enthüllen, Verschweigen und Offenbaren formen einen Stil, der das Verborgene, die dunklen Seiten so auffällig ins Blickfeld rückt, dass sie ihr Geheimnis preisgeben müssen.

Erzählgipfel markieren entscheidendes Geschehen

Wichtig sind in diesem Zusammenhang die aus dem Handlungsfluss herausgehobenen Erzählgipfel, die jeweils ein zeitlich begrenztes, entscheidendes Geschehen markieren. Wie das Spotlight des Films richtet sich das Erzählinteresse auf enthüllende Details, auf zeitlich und räumlich herausgelöste Ereignisfelder bei deutlich verlangsamtem Erzähltempo. In der Regel handelt es sich um szenische Darstellungen, in denen bei dialogischer bzw. monologischer Rede die Differenz zwischen erzählter Zeit und Erzählzeit stark abnimmt bis hin zum zeitdeckenden Erzählen, wenn, wie beim Gespräch zwischen Friedrich und dem Onkel nach dem Totschlag des Försters, die erzählte Zeit mit der Erzählzeit nahezu deckungsgleich ist, d. h. die Zeit, die erzählt wird, und die für das Erzählen notwendige Zeit identisch sind.

Die Erzählpartien zwischen den szenisch herausgehobenen Handlungsgipfeln werden im stark raffenden Erzählerbericht wiedergegeben. Am extremsten ist dies am Ende der Fall, wo zwei Sätze ausreichen, um 28 Jahre einzufangen: „Eine schöne, lange Zeit war verflossen, acht-und-zwanzig Jahre (...); der Gutsherr war sehr alt und grau geworden, sein gutmütiger Gehülfe Kapp längst begraben. Menschen, Tiere und Pflanzen waren entstanden, gereift, vergangen (...).“ (HL S. 35/R S. 47). Rafft der erste Satz sukzessiv, indem er in Richtung der erzählten Zeit Begebenheiten fortschreitend aufreiht, so fasst der zweite Satz einen ausgedehnten Zeitraum durch die Angabe regelmäßig sich wiederholender Begebenheiten zusammen. In diesem Fall handelt es sich um das Prinzip iterativer Raffung (lat. *iteratio* = Wiederholung).

Ähnlich wie die szenische schafft die stark raffende Darstellung einen hohen Grad von Objektivität. Sowohl im Erzählerbericht als auch in der szenischen Dramatisierung distanziert sich die Erzählerin von den Geschehnissen, indem sie gleichermaßen hinter sie zurücktritt. Kommt ihr als Berichterstatterin nur eine referierende Aufgabe zu, so übergibt sie in den szenischen Partien das Wort den fiktiven Personen.

Ähnlichkeiten mit dem epischen Theater

In der Art der Geschehenswiedergabe ist *Die Judenbuche* mit dem epischen Theater vergleichbar. Der berichtenden Erzählerin fällt dabei die Funktion der Spielleiterin zu, die auf die einzelnen Szenen hinarbeitet und zugleich stets über sie hinausweist, indem sie sie durch eine Steigerung des Erzähltempos wieder in den Zeitstrom überführt. Dadurch wird eine Verwicklung des Lesers in die szenisch unmittelbare Darstellung vermieden und die Voraussetzung geschaffen für eine distanzierte Betrachtung, die erforderlich ist, um der Wahrheit auf die Spur zu kommen.

Die berichtend referierenden bzw. die szenisch dramatisierenden sind zwar die dominanten, aber keineswegs alleinigen Darstellungsweisen. An zwei Stellen sind in die Prosa Verse eingefügt, gleich zu Anfang und zum Ende hin. Gerade diese Verseinlagen sind es, die den Eindruck einer objektiven, sich jeglicher Wertung enthaltenden Darbietung relativieren. Die Prosa ist das Medium der Falldarstellung, der Porträtierung der handelnden Personen und der Beschreibung des räumlichen und gesellschaftlichen Hintergrunds. Insofern kommt ihr ein quasi dokumentarischer Wert zu. In den direkten Personenreden ist die Prosa Ausdruck der in die Handlung Verwickelten und verbleibt von daher auf der Ebene der dokumentarischen Fiktion.

Verseinlagen relativieren den objektiven Eindruck

Eine Sonderstellung nimmt die hebräische Aufschrift auf der Judenbuche ein, eine epigrammatisch, zu einem Sinnspruch verdichtete Prosa, in der das Gesetz einer Gesellschaft auf eine Formel gebracht ist, in der Gewalt und Gegengewalt jenseits von Verzeihen und Versöhnlichkeit herrschen. Insofern handelt es sich um das spruchartig verkürzte Fazit aus einem im Grunde lebens- und menschenverachtenden gesellschaftlichen Verhalten.

Aufschrift auf der Buche

In den Versen aber ist ein grundsätzlich anderer Geist lebendig. Bereits die Anfangsverse rufen auf zu Verständnis, zu Toleranz und zu Versöhnlichkeit bei gleichzeitiger Mahnung, aller Selbstgerechtigkeit zu entsagen. Es gilt, den Menschen, gerade den, der zum Opfer eines schlimmen Schicksals geworden ist, zu verstehen, nicht ihn zu verurteilen. Wer selbstgerecht über andere den Stab bricht, spricht sich selbst schuldig. Dem Menschen steht kein absolutes Urteil zu, da jeder immer auch bedingt ist durch die Verhältnisse, in denen er aufgewachsen ist.

Es sind die Sprache und der Geist des Neuen Testaments, die hier Eingang gefunden haben. Die Versform aus fünfhebigen Jamben in paargereimten Zeilen repräsentiert den sittlichen Zustand, wie er sein soll. Die prosodische Harmonie ist Spiegel idealen menschlichen Verhaltens, das dem Mitmenschen allein gerecht wird. Aber

Sprache und Geist des Neuen Testaments

nicht der Einklang, so wie er sich in der Poesie beispielhaft formt, herrscht unter den Menschen, sondern Missklang und Zwietracht, die in der Prosa ihren realistischen Niederschlag finden.

Poesie und Prosa stehen sich wie Ideal und Wirklichkeit gegenüber. Deutlich wird, wie weit die Gesellschaft der *Judenbuche* von christlicher Sittlichkeit entfernt ist. Die vorangestellten Verse rücken das Geschehen von vornherein in eine ethische Perspektive und heben seine in der bloßen Handlungsspannung begründete Selbstgenügsamkeit auf. Das Licht christlichen Geistes fällt auf eine dunkel-verworrene, erlösungsbedürftige Welt.

An dieser Stelle werden die Gesangbuchverse am Ende der Novelle bedeutsam. Da der Mensch sich offenbar nicht aus sich selbst erlösen kann, bedarf er der göttlichen Erlösung, so wie sie in der Geburt Jesu Fleisch geworden ist und von der das Lied kündet. Die Prosa, die immer nur die unheilvolle Gegenwart dokumentieren kann, scheint auf einmal ausgeweitet durch die geistlichen Verse, die ein künftiges Heil verheißen. Die Poesie ist die Trägerin des Ideals und in einer Steigerung die Verkünderin der Erlösung. Sie ist Orientierung und Hoffnung für den Menschen, der in der Prosa seines Alltags oft orientierungs- und hoffnungslos gefangen ist.

Gnadenloses Gesetz des Alten Testaments

Die Novelle schließt mit dem hebräischen Spruch in deutscher Übersetzung. Beschworen wird in ihm das gnadenlose Gesetz des Alten Testaments „Auge um Auge, Zahn um Zahn“, so wie es auch die Witwe des erschlagenen Aaron einforderte. Widerlegt und sittlich überwunden aber ist solche unbarmherzige Haltung durch die Gnade des Neuen Testaments, das bereits in den Eingangsversen anklingt. Der Leser, der den Blick zurück zum Anfang wendet, schaut rückwärtsblickend nach vorn, indem er in sich noch einmal den vorgezeichneten Weg von der alttestamentlichen Gnadenlosigkeit zur erlösenden Gnade des Neuen Testaments zurücklegt. In der sprachlichen Strukturierung gibt sich *Die Judenbuche* zu erkennen als eine Novelle zwischen Prosa und Poesie, Verzweiflung und Hoffnung, zwischen heilloser Gegenwart und dem künftigen Heil, wie es der christliche Glaube verheißt.

3.7 Interpretationsansätze

ZUSAMMENFASSUNG

In diesem Kapitel werden Deutungen und Interpretationen in zeitlicher Gliederung vorgestellt. Eine vertiefende Gesamtdarstellung unter übersichtlichen Aspekten, die dem Leser eine schnelle Orientierung ermöglichen, bildet den Abschluss.

Deutungen und Interpretationen 1931–1954

Das Geheimnisvolle als zentrale Aussage

Die erste wirklich folgenreiche Einzeldeutung legte Friedrich Gundolf 1931 vor. Er sieht im Geheimnisvollen die zentrale Aussage begründet und betont die Verwandtschaft der Novelle mit der Schicksalsdramatik. Der Mensch ist nicht Initiant, sondern das Opfer unkontrollierbarer Prozesse. *Die Judenbuche* wird ihm zum erzählten Mysterium.

Aufbauend auf Gundolf betont Emil Staiger in seiner Dissertation von 1933 insbesondere das mythische Walten des Bösen. Immer wieder verfällt der Mensch neu der Erbsünde, indem er schuldig wird am Lebensprinzip der Natur. Für Staiger gibt es in der Novelle weder Gnade noch Barmherzigkeit, sie ist nach seiner Ansicht allein geprägt von alttestamentlicher Härte.

Gestaltung von gesetzhaftem und gesetzlosem Verhalten

Hermann Pongs versucht 1931/1932 in Anlehnung an den Philosophen Max Scheler die Novelle als die Gestaltung des im Menschen elementar angelegten Zwiespalts von gesetzhaftem und gesetzlosem Verhalten zu deuten. Ihm folgt im Wesentlichen Clemens Heselhaus, wenn er vom Bösen als „Seinswidrigkeit" spricht.

Erik Wolf beschäftigt sich in seiner Deutung von 1946 mit der Problematik von Schuld und Recht. Die letzte Gerichtsbarkeit liege bei Gott, da die Unvollkommenheit menschlicher Rechtsprechung offenbar sei. Friedrich verfalle deswegen dem Dämonischen, weil er bewusst auf das metaphysische Heil verzichte. In überraschender Parallele zu Staiger hebt auch Walter Silz 1954 die alttestamentliche Orientierung der Novelle hervor und sieht Simon als Verkörperung des Satanischen.

Konzentration auf Handlungsgipfel

Benno von Wieses Deutung von 1953/1954, die rasch weite Verbreitung fand, bereichert die bis dahin vornehmlich geistesgeschichtlichen Fragestellungen um strukturelle und sozialpsychologische. In der balladischen Konzentration auf Handlungsgipfel sieht er die wesentliche novellistische Erzählweise. Er deutet die Novelle als sozialpsychologische Studie, in der dem symbolischen Sprechen besondere Bedeutung zukommt. So erscheint die Buche, die zunächst in den Wald eingebunden ist und später allein herausragt, analog auf die Integrations- bzw. Isolationsphasen in Friedrichs Leben bezogen.

Deutungen und Interpretationen 1967–1995

Unfähigkeit des Menschen, die Wahrheit zu erkennen

Große Beachtung hat der Aufsatz von Heinrich Henel von 1967 gefunden, der das Ethos der Novelle nicht länger in der Verkettung von Schuld und Sühne sieht, sondern vielmehr in der Einsicht, dass der Verstand und die Vernunft des Menschen im Grunde ohnmächtig sind, die Wirklichkeit zu erfassen und die Wahrheit zu erkennen.

Heinz Rölleke hat 1990 in einem bemerkenswerten Beitrag den theologischen Deutungsansatz im Anschluss an Staiger fortgeführt und vertieft. Simon wächst in die Rolle des teuflischen Verführers hinein, der Friedrich zum Opfer der *superbia*, der Ursünde der Stammeltern, macht. Der Doppelgänger ist ein Teil Friedrichs, der folgerichtig von der erfolgreichen Verführung an selbstständig hervortritt. Alle Versuche des schuldig gewordenen Friedrich, in die Gemeinschaft aufgenommen zu werden, scheitern. Unbarmherzig wie der Brudermörder Kain wird er umhergetrieben und schließlich auf dem Schindanger verscharrt.

Darstellung der Widersprüchlichkeit und Mehrschichtigkeit komplexer Realität

Seit Beginn des literarkritischen Interesses an der Novelle hat die Frage nach ihrem realistischen Stil eine Rolle gespielt. Ihr hat sich Clemens Heselhaus 1971 zugewandt. Betont werden vor allem die fortschrittliche Schilderung empirischer Wirklichkeit, das Erfassen sozialer Verhältnisse sowie die Darstellung der Widersprüchlichkeit und Mehrschichtigkeit komplexer Realität. Mehr erzähltheoretisch orientiert ist der Ansatz von Clifford Bernd (1974), der im Enthüllen und Verhüllen das entscheidende Strukturprinzip der im Großen und Ganzen als realistisch verstandenen Novelle sieht.

Anspielung auf Odysseus

Eine interessante Marginalie zur Deutung trug Gerhard Oppermann 1976 bei, indem er das scheinbar blinde Motiv der Narbe als literarische Anspielung auf den homerischen Odysseus, der in der Einleitung in der Tat erwähnt wird, erkennt. Nach Oppermann wird die Novelle durch das Narbenmotiv in die Tradition wesenhafter humaner Sachverhalte gestellt, wie etwa Umgetriebensein, Schuld, Sühne, Selbstgericht und Heimkehr. Im Grunde erfolgt auf diese Weise jedoch wieder eine Rückkehr zu geistesgeschichtlichen Positionen.

Ein im realistischen Chronikstil gestaltetes Kriminellenschicksal

Eine Synthese der bisher vorherrschenden Deutungsansätze hat Ronald Schneider 1977 vorgelegt, ohne zu wirklich neuen Einsichten zu gelangen. Für Schneider bietet sich die Novelle dar als ein im realistischen Chronikstil gestaltetes Kriminellenschicksal zusammen mit den gesellschaftlichen Einflussfaktoren. Die Verknüpfung mit einer religiösen Sinnbildsprache mache den Kriminalfall zum theologischen Exemplum.

Im November 1978 fand in Münster ein Kolloquium zur *Judenbuche* statt; ein Jahr darauf wurden die wichtigsten Beiträge veröffentlicht. Neben den vertrauten Deutungsansätzen traten nur am Rande neue Verstehenszugänge zutage. Auffällig ist, dass man nur zögernd bereit war, die ausgetretenen Pfade philologischen Quellenstudiums, geistesgeschichtlicher Abstraktionen und struktureller Selbstgenügsamkeit zu verlassen. Benno von Wiese zeichnet das Porträt eines Mörders; Helmut Koopmann, der die Novelle unhistorisch und wenig ertragreich als moralische Erzählung missversteht, meint, dass in der *Judenbuche* im Zuge einer seichten Abschreckungspädagogik das Böse mit dem inneren Rechtsgefühl im Streit liege.

Problematik sozialer Integration

Moderne sozialpsychologische Deutungsversuche unternehmen die Beiträge von Ronald Schneider und Winfried Freund. Während Schneider die Novelle als Mimesis eines epochenspezifischen Identitätskonflikts versteht, stellt Freund die Problematik sozialer Integration des gefährdeten Individuums in den Mittelpunkt. Vertiefende und weiterführende Ansätze setzen heute die Anwendung sozialhistorischer und sozialpsychologischer Methoden voraus, die sich allerdings verstärkt auch der funktionalen Deutung der strukturellen Phänomene annehmen müssten. In den meisten Beiträgen des Kolloquiums fällt auf, dass man die Novelle zu deuten versucht, ohne sie in den Gesamtzusammenhang des Droste'schen Werkes zu stellen.

Regionalgeschichtlicher Rahmen

Die umfangreiche Analyse von Karl Philipp Moritz aus dem Jahr 1980 gibt im Wesentlichen die bisherigen Forschungsergebnisse in übersichtlicher und sorgfältiger Form wieder. Akzentuiert wird insbesondere der strukturelle Aspekt der Kriminalnovelle. Anschließend an lokalhistorische Forschungen und Dokumentationen geht Moritz ausführlich auf landschaftliche, wirtschaftliche und rechtsgeschichtliche Bedingungen sowie auf den Volkscharakter und die Lage der Juden ein. Durch die Einbettung in den regionalgeschichtlichen Rahmen gewinnen die weitgehend bekannten Deutungsansätze durchaus an Plastizität.

Einen bedenkenswerten Versuch, neue Akzente in der Deutung zu setzen, hat Rolf Geißler 1981 unternommen. Im Zuge eines allgemeinen Umbruchs wolle die Droste den Leser gezielt verunsichern. Realitätsverunsicherung und Leserverunsicherung konstituieren nach Geißler den Sinn der Novelle als Kritik an flacher Aufklärungsrationalität. Von Bedeutung ist für ihn die Wahl des Revolutionsjahres 1789 als Ende der Mergel-Handlung, weil die durch die Revolution bedingten gesellschaftlichen Veränderungen zusammen mit den veränderten Einstellungen in der Novelle eine zentrale Rolle spielen.

Mehr psychoanalytisch verfährt Karoline Krauss 1995. Das Bündnis Friedrichs mit Simon verfolgt nach ihrer Meinung das Ziel, das Geheimnis von Johannes' wahrer Identität vor Entdeckung zu schützen. Gerade ein solcher Pakt mit Simon aber macht für die Interpretin eine normale Identitätsentwicklung für Friedrich unmöglich.

Vertiefende Gesamtdeutung

Die wichtigsten Interpretationsansätze fasst Winfried Freund 1997 zusammen und vereinigt sie weiterführend und vertiefend zu einer Gesamtdeutung, die bei den räumlichen Bedingungen des erzählten Geschehens einsetzt.

Der Geschehensraum

Geschehensraum: Enge und Beschränktheit

Das eingangs skizzierte Bild des Geschehensraums ist bei aller landschaftlichen Schönheit gekennzeichnet durch Enge und Beschränktheit. Eine Öffnung nach außen und ein Anschluss an moderne Entwicklungen finden nicht statt. In der „grünen Waldschlucht" leben die Menschen wie eh und je eingeschlossen in einem Naturzustand jenseits von positivem Recht und einem sittlich verpflichtenden Rechtsgefühl, nur dem von jeher Üblichen und Praktizierten verbunden. Mit wenigen Strichen entsteht das Modell einer desorganisierten Gesellschaft ohne Moralität, in der, weit entfernt von gegenseitiger Verträglichkeit und Befriedung, Gewalttätigkeit und

Unrecht an der Tagesordnung sind. Jagd- und Holzfrevel, nächtliche Schlägereien und Schießereien gehören ebenso zum Alltag wie am Morgen die Zerschlagenen und Lädierten. Ein endloser Kampf zwischen den Holzfrevlern und den Förstern beherrscht die Szene, ohne Aussicht auf die Durchsetzbarkeit von Recht und Ordnung, ohne die Bereitschaft aber auch, die andere Seite zu verstehen und nach den Gründen ihres Handelns zu fragen.

Auf eigenen Vorteil bedacht

Der jenseits wirksamer Organisationsformen und sittlicher Reflexion weiterhin gelebte primitive Naturzustand ist alles andere als ein paradiesisches Leben friedvoll-unschuldiger Menschen. In der illusionslos realistischen Sicht der Droste ist der Mensch keineswegs von vornherein mit moralischen Fähigkeiten ausgestattet, die ihn in die Lage versetzen, aus sich heraus ein sittliches Leben zu führen. Sich selbst überlassen, nicht eingebunden in eine feste Ordnung, geht der Einzelne, sofern sich ihm eine Chance auftut, dem nach, was ihm der eigene Vorteil eingibt, ungeachtet der anderen und der eigenen Gemeinschaft.

Antiklassisches Menschenbild

Deutlich werden die Umrisse eines antiklassischen Menschenbilds, für das die westfälische Kulisse lediglich den Rahmen abgibt. Erzählend entwirft die Droste das Bild einer radikal unfriedlichen Gemeinschaft und gewalttätiger Menschen, das Modell eines rechtlosen Zustands, in dem man sich verletzt statt sich zu verstehen, in dem man die Natur hemmungslos ausbeutet und die Vertreter der Ordnung machtlos gegen das alltägliche Chaos sind.

Der problematische Held

Keine Entwicklung, sondern Verwicklung

In dieses Umfeld stellt die Erzählerin ihren Helden, indem sie von der kollektiven Sittenschilderung zur individuellen Falldarstellung wechselt. Der Wechsel von der Totalen zur Detaileinstellung, charakteristisch für den Erzählrhythmus der Droste'schen Novelle, zeigt den Einzelnen eingebunden in die vorgefundenen Verhältnisse. Insofern findet keine fortschreitende Entwicklung, sondern eine eskalierende Verwicklung statt. Die in einem aggressiven Klima erstarrten Lebensbedingungen lassen weder eine Öffnung noch eine Veränderung zu. Fern von jeder sozialen Ordnung, die jedem Einzelnen vorbehaltlos eine Chance gibt, fördern die geltenden Verhältnisse eine scharfe Frontbildung zwischen Arm und Reich, Christen und Juden sowie zwischen Gesetz und Gewohnheitsrecht. Der ins soziale Abseits Geratene wird von der Gemeinschaft nicht aufgefangen, sondern endgültig an den Rand gedrängt und seinem Schicksal überlassen. Gerade an ihren Rändern zeigt sich die Unmenschlichkeit einer Gesellschaft, die weder über Verständnis für den anderen noch über soziales Verantwortungsbewusstsein verfügt.

Das Elternhaus

Friedrichs Elternhaus: sichtbares Zeichen für Verwahrlosung

Das Elternhaus Friedrich Mergels ist sichtbares Zeichen für eine unaufhaltsam fortschreitende Verwahrlosung. Nur noch vereinzelte Spuren deuten auf den einstigen bescheidenen Wohlstand. Trunksucht, vor allem aber die Gewalttätigkeit des Mannes haben die erste Ehe von Friedrichs Vater zerrüttet und den allgemeinen Verfall eingeleitet. Der Sohn aus zweiter Ehe findet sich bereits in hoffnungslos heruntergekommenen Zuständen und im gesellschaftlichen Abseits wieder. Bezeichnend für die Handlungsführung der Novelle ist ihre schon früh in Erscheinung tretende abschüssige Tendenz, jeden in ihren Sog ziehend und vernichtend, der Schwächen zeigt. Die Ächtung durch die anderen kommt einem Vernichtungsurteil gleich, das über den Verlust der Selbstachtung der Ausgegrenzte an sich selbst vollstreckt und über alle den Stab bricht, die mit dem Unglücklichen näher verbunden sind.

Der Vater Friedrichs ist der erste Tote in der Novelle, Opfer der Trunksucht auf den ersten Blick, bei schärferem Hinsehen aber

Opfer einer Gesellschaft, die den Schwachen ausgestoßen hat statt ihm zu helfen, die ihn verkommen ließ statt ihn aufzubauen. Selbstverachtung und der Hang zur Selbstverstümmelung kommen schon dort zum Ausdruck, wo der Trinker auf der Türschwelle liegt, „einen abgebrochenen Flaschenhals von Zeit zu Zeit zum Munde führend und sich Gesicht und Hände jämmerlich zerschneidend." (HL S. 5/ R S. 6) Bevor Friedrichs Geschichte beginnt, tritt der gnadenlos destruktive Charakter der Dorfgemeinschaft hervor und wirft düstere Schatten über den Weg des Heranwachsenden. Gleichsam mit der Muttermilch nimmt er die Vorurteile auf, die den Nährboden bilden für rechtloses Verhalten und Gewalt. Von der Mutter lernt er die fragwürdigen sozialen Einschätzungen, nach denen Juden und Förster offenbar tiefer in der Werteskala des Dorfes rangieren als die Einheimischen. Bedenklich tritt bereits hier die Tendenz zur Ausgrenzung hervor, die sich nach innen gegen die Schwachen und nach außen gegen alles Fremde richtet.

Friedrichs Vater: Opfer der Trunksucht und Opfer der Gesellschaft

Früh erfährt Friedrich, dass es vor allem darauf ankommt, stark zu sein, den anderen zu imponieren und dass er dabei auf das Vorrecht des Ansässigen bauen kann. Die Lehren der Mutter lassen in ihrer heimatlichen Borniertheit eine schlimme Entwicklung ahnen. Müssen sie doch gerade bei dem auf fruchtbaren Boden fallen, dem die Ächtung durch die anderen Tag für Tag vor Augen steht und ihn stets neu die eigene Minderwertigkeit erleben lässt, sodass er sich nichts sehnlicher wünscht, als einmal ganz oben zu sein. Auch in den weiteren Naheinstellungen, mit geringen Abweichungen im Grunde bis zum Schluss, verbleibt die Erzählerin im Milieu der Mergels, der Zukurzgekommenen und Habenichtse, während die übrigen Vertreter der Dorfgemeinschaft nur am Rande vorkommen, und auch dann jeweils mit Bezug auf Friedrich. Er figuriert als exemplarische Gestalt, an der die Aggressivität einer Gesellschaft

Vorrecht des Ansässigen

demonstriert wird, die, weder sozial noch christlich orientiert, allein einem anarchischen Überlebensinstinkt folgt.

Holzfrevel als symbolische Handlung

Auffällig ist, dass für den Heranwachsenden weder Schule noch Kirche eine wesentliche Rolle zu spielen scheinen, zumindest erfährt der Leser zunächst nichts von Schul- oder Kirchenbesuchen Friedrichs, wie denn überhaupt jede über die dörfliche Handlungspraxis hinausgehende Erziehung ohne tieferen Einfluss bleibt. Allein die Mutter vermittelt ihrem Sohn den Katechismus einer Heimat, die in ihrer Beschränktheit und Intoleranz mehr zur Beschädigung als zur Bewahrung des Lebens beiträgt, sinnbildhaft gespiegelt in dem unkontrollierten Schlagen der Bäume. Der Holzfrevel, im Hintergrund des Geschehens stets präsent, unterstreicht als symbolische Handlung die destruktiven Verhaltensweisen der Dorfgemeinschaft. Fällen und Töten, Verwüsten und Verkümmernlassen meinen auf der Bezugsebene der Novelle vergleichbare aggressive Akte. In beiden Fällen werden Wachstum und Entwicklung verhindert.

Initiation in die Gesellschaft

Mit dem Besuch Simon Semmlers, des Bruders der Mutter, setzt nach der Vorgeschichte die Haupthandlung ein. Scheinbar erhält der zwölfjährige Friedrich durch das Angebot des Onkels, bei ihm arbeiten zu können, eine Chance, aus der erdrückenden Enge der Verhältnisse und aus der sozialen Missachtung herauszukommen. Überraschend wirken Hilfsbereitschaft und Verantwortungsgefühl nach den bisherigen Einsichten und Erkenntnissen. Aber bereits das Erscheinungsbild Simons, sein Hechtgesicht, verweist auf einen, der lauernd und versteckt seinen Vorteil sucht. Berüchtigt ist seine Streitsucht.

Friedrich als Mittel zum Zweck

Geschickt dem Mutterstolz schmeichelnd, bereitet er sein eigentliches Anliegen vor. Der andere ist ihm nur Mittel zum Zweck, ein Posten in seinem Kalkül, nicht die Not des Mitmenschen interessiert ihn, sondern allein dessen Brauchbarkeit. Ebenso berechnend wie durchsichtig sind seine Fragen nach Friedrichs Erfahrungen als Tierhüter, wobei es ihm offenbar insbesondere auf die Ortskenntnis des Jungen ankommt. Bezeichnend ist das abschätzige Urteil über den „Magister", der nicht einmal die halbe Wahrheit sage.

Einfluss Simons

Mit dem Einfluss Simons setzt sich konsequent fort, was bei der Mutter seinen Anfang genommen hatte: die Einübung in eine sittlich verwahrloste, von Vorurteilen, Verantwortungslosigkeit, Unrecht und Gewalt beherrschten Gesellschaft. Die Adoption Friedrichs durch Simon kommt einer Initiation in die Welt der Erwachsenen gleich, die indes weniger die Leitbilder als die Verführer der Heranwachsenden sind.

Der Wald als symbolischer Ort

Von düsterer Sinnbildhaftigkeit ist die Szene im Brederholz. Die Stümpfe wahllos geschlagener Bäume bieten ein Bild der Verwüstung. Quer über den Weg, noch in vollem Laub, liegt eine frisch geschlagene Buche, und die breite Eiche auf der Lichtung markiert den Ort, wo man die Leiche des alten Mergel gefunden hatte. Fällen und Fallen, gefällte Bäume sowie gefallene und fallende Menschen stehen in einem symbolischen Beziehungsgeflecht. Ausdrücklich heißt es von Friedrich vor dem Betreten der Lichtung: „Baumwurzeln und schlüpfrige Stellen (...) machten seinen Schritt unsicher; er war einigemale nahe daran, zu fallen." (HL S. 12/R S. 15 f.) Verweist der Anblick des zerstörten Waldstücks auf die in der Gesellschaft wirksamen destruktiven Kräfte, so drängt sich zwischen Friedrich und der frisch geschlagenen Buche eine Parallele auf, während die breite Eiche auf das zukunftsgewisse Scheitern auch seines Lebenswegs hindeutet. Die Initiation Friedrichs führt nicht zu seiner Reifung und Vollendung, sondern bereitet seinen persönlichen Untergang vor.

Passend gewählter Titel der Novelle

Der von Hermann Hauff, dem damaligen Redakteur des „Morgenblatts", gewählte Titel der Novelle bezeichnet zutreffend ihre tragende Symbolschicht, wobei es im Grunde gleichgültig ist, ob es sich beim zentralen Dingsymbol um eine Buche oder eine Eiche handelt. Entscheidend ist die Erkenntnis, dass Baum und Mensch als Träger organisch gewachsenen Lebens den Bedrohungen eines hemmungslosen Raubbaus ausgesetzt sind.

Friedrichs Übersteigerung seines Selbstwertgefühls

Ansehen genießen vor allem die Besitzenden wie Wilm Hülsmeyer, die aber nur am Rande Erwähnung finden, und die, die sich am Raubbau an der Natur und am Menschen beteiligen. Friedrichs ungebändigter Ehrgeiz und sein Hang zum Großtun statten ihn bestens aus, in Hülsmeyers Gesellschaft zu reüssieren. Gerade die erfahrene soziale Zurücksetzung stachelt ihn zu übermäßigen Anstrengungen und zur Übersteigerung seines Selbstwertgefühls an. Ausschließliches Ziel bleibt, Achtung und Ansehen dort zu gewinnen, wo er bisher nur Geringschätzung und Ausgrenzung erfahren hat. Nicht um soziales Handeln geht es, sondern um persönliche Selbstbestätigung. Die Besitzenden aber wie diejenigen, die Besitz und Geld zu ihren Göttern erklären, sind gleichermaßen geleitet von ausschließender materieller Wertschätzung.

Der Doppelgänger

Ähnlichkeit mit Johannes Niemand als symbolische Warnung

Stolz weist Friedrich sein erstes verdientes Geld vor, ohne dass er es für nötig hält, die Erwerbsquelle zu nennen. Zum ersten Mal taucht in diesem Zusammenhang Johannes Niemand auf, ein Doppelgänger Friedrichs, allem Anschein nach ein unehelicher Sohn Simons, den er jedoch verleugnet und zu niedrigen Arbeiten anstellt. Der geistig zurückgebliebene, elternlose Junge verkörpert die schwache, hilfsbedürftige Kreatur, die in der Gesellschaft mit ihrer Orientierung an Stärke und Besitz keinen Platz hat. Johannes ist ein Niemand, von Simon gezeugt, aber verantwortungslos abgeschoben. Die frappierende Ähnlichkeit zwischen ihm und Friedrich ist zugleich eine symbolische Warnung für den im Augenblick Erfolgreichen. Wenn er eine Schwäche zeigt sowie Stärke und Besitz nicht länger überzeugend ausstellen kann, droht ihm, ähnlich wie dem Vetter, die Abschiebung ins Abseits, die vernichtende Schattenrolle des Niemand. Über das Existenzrecht des Einzelnen entscheiden allein die anderen, wenn sie ihn fallen lassen, ist er nur noch ein Nichts. Selbst Friedrich würdigt den Vetter bloß eines „mehr selbstischen als gutmütigen Mitgefühls" (HL S. 14/R S. 18), weil dessen verkümmertes Spiegelbild sein eigenes Ansehen vor sich selbst und vor den andern zu steigern vermag.

Unbändiger Wille zum sozialen Aufstieg

Von den Jahren bis zu seiner Adoleszenz erzählt die Novelle in äußerster Raffung. Herausgehoben werden weniger seine Handlungen und Erfahrungen als seine Antriebe und die erstaunliche Verwandlung, die mit ihm vorgeht. Seine Ausdauer, die unermüdlichen, ehrgeizigen Anforderungen an sich selbst zeichnen ihn vor allen anderen aus. Was aber als Ausdruck eines sozial wertvollen Charakters gelten könnte, verrät im Grunde bloß den unbändigen Willen, aus den dürftigen Verhältnissen zu Ansehen und persönlichem Erfolg emporzusteigen. Die Pflege seines Äußeren und sein Bemühen um gewandtes Wesen zeigen die völlige Abhängigkeit von seiner Umgebung. Doch nicht für diese setzt er sich ein, sondern diese ausschließlich für sich selbst, für die Steigerung seines Selbstwertgefühls. Friedrich ist der überkompensierende Charakter, wie er in einer Gesellschaft ohne wirkliches Gemeinschaftsgefühl beispielhaft Gestalt gewinnt.

Der Raubbau an der Natur

Geld und Gewalt als Garantie für Respekt

Mit der Erfahrung des schändlichen Todes seines Vaters vor Augen, eine Erinnerung, die ihn noch beim Gang mit Simon zusammenschrecken lässt, weiß er, dass nur der Starke, der, der sich brutal durchsetzt, in einer Gesellschaft überleben kann, die den Schwachen gnadenlos fallen lässt. Wer nicht niedergemacht werden will, muss andere niedermachen. Recht früh erkennt er, dass ausschließlich Geld und Gewalt Respekt verschaffen können. Dabei spielt die Herkunft des Geldes keine Rolle. Wichtig ist lediglich sein Besitz.

Friedrich: zum Wachhund abgerichtet

Der Leser ahnt bereits an dieser Stelle die Verbindung mit den Holzfrevlern, den sogenannten „Blaukitteln". Scheinbar objektiv, in Unkenntnis der Hintergründe und insgeheimen Verflechtungen, stellt die Erzählerin das Geschehen dar, und doch sind immer wieder Spuren ausgelegt, die zu den eigentlichen Sachverhalten hinführen. Waren Simons Erkundigungen nach der Ortskenntnis Friedrichs bereits verräterisch, so gibt das Hirtenamt, dem der Achtzehnjährige immer noch nachgeht, zu denken, zumal es in diesem Alter allmählich als unpassend gilt. In Wahrheit ist das Amt des Hirten nur Tarnung für Friedrichs eigentliche und für ihn einträgliche Aufgabe, den Blaukitteln, bei denen Simon eine nicht unwesentliche Rolle spielt, den Rücken frei zu halten. Sein Onkel hat ihn zum Wachhund abgerichtet.

Gestellt werden aber weder die Holzfrevler noch Friedrich selbst. Die Erzählerin unternimmt sogar den Versuch, das Dorf B., das Heimatdorf Friedrichs, von jedem Verdacht freizusprechen, indem sie von einer Hochzeit dort berichtet, an der „fast alle Bewohner dieses Dorfes" (HL S. 17/R S. 23) teilnehmen, während sich einer der schlimmsten Holzfrevel ereignet. Ob Friedrich unter den Gästen war, erfährt der Leser nicht. Simon gehört ohnehin nicht zum erwähnten Dorf. Die Verschleierungen und Verrätselungen unterstreichen im Grunde die Ohnmacht, der zerstörerischen Kräfte in Gesellschaften wie der geschilderten jemals Herr zu werden. Wie die „Wanderraupe" hinterlassen die Blaukittel die Spuren ihrer Verwüstung. Den Ordnungshütern bleibt immer wieder das Nachsehen.

Der Totschlag des Försters

Nächtliche Begegnung mit dem Förster

Gerade am Beispiel Friedrichs wird deutlich, dass die ausschließliche Orientierung an der materiellen Stärke, an Geld und Gewalt, den Nährboden bereitet für Kriminalität, insbesondere unter denen, die sich ins soziale Abseits abgedrängt sehen. Eine Schlüsselszene stellt die nächtliche Begegnung mit dem Förster dar. Im dämmernden Morgenlicht draußen im Wald ist im Grunde alles klar. Das Geräusch der Beilhiebe im Hintergrund rührt selbstverständlich von den Blaukitteln her, auch wenn Friedrich scheinheilig etwaige Holzfäller des Försters ins Spiel bringt. Friedrichs Pfiff ist ein eindeutiges Warnungszeichen, die Geschichte mit dem Hund ein plumpes Täuschungsmanöver. Friedrich weiß, dass der Förster ihn durchschaut hat und seine wahre Funktion kennt, und dem Förster ist bewusst, dass ihm die Rolle des Zuschauers in einem Theater der Verstellungen und Täuschungen zukommt. Friedrichs dringlich vorgetragene Bitte: „Herr Brandis, denkt an meine Mutter!" (HL S. 19/R S. 25) ist ein halbes Eingeständnis und zugleich eine versteckte Warnung vor der vollen Aufdeckung der Wahrheit, die das erworbene Selbstwertgefühl Friedrichs katastrophal zerstören müsste.

Aggressive Verständnislosigkeit

Durch gezielte Attacken auf das labile Selbstwertgefühl versucht der Förster dennoch, Friedrich zu provozieren, indem er ihm die Armut seiner Herkunft und die deklassierte Stellung seiner Familie als unauslöschliche Makel vorwirft, verbunden mit der Drohung, ihn und die Mutter letztlich zu überführen und auszuschalten. Damit aber praktiziert der Förster das in der Gesellschaft übliche Verhaltensmuster aggressiver Verständnislosigkeit, das beim Betroffenen verstärktes aggressives Verhalten auslösen muss, weil es die herrschende Raubtiermoral so will und der Einzelne nur überleben kann, wenn er die, die ihm sein Existenzrecht streitig machen, aus dem Weg schafft. Weniger der Durchblick des Försters als seine Angriffe auf die mühsam erworbene Selbstachtung Friedrichs führen zu seinem Tod. „Friedrich griff krampfhaft nach einem Aste. Er war totenbleich (...)“ (HL S. 19/R S. 25). Nur für einen Augenblick scheint er seine Selbstbeherrschung zu verlieren, dann gewinnt er seine Gelassenheit zurück, doch nur, um den, der für ihn lebensgefährlich zu werden droht, den falschen Weg in den sicheren Tod zu schicken, mitten in die Arme der Blaukittel, die gar nicht anders können, als den lästigen Mitwisser zu erschlagen.

Friedrich ist der eigentliche Mörder

Wieder wird ein Baum ins Spiel gebracht, diesmal eine Buche, die dem Förster den Weg weist zum gleichen Schicksal, das die Bäume erleiden. Ein Axthieb streckt ihn nieder. Der zweite Tote in der Novelle ist das Opfer direkter wie indirekter Aggression. Der eigentliche Mörder ist Friedrich; er verhängte das Todesurteil über den, der ihm das Existenzrecht streitig machte, während die Blaukittel das Urteil nur vollstreckten. Auf beiden Seiten aber, auf der Seite Friedrichs wie der Blaukittel, ist der brutale Vernichtungswille wirksam, der im Grunde auch in den Androhungen des Försters zum Ausdruck kam. Verständnis und Versöhnungsbereitschaft, Achtung vor dem anderen, vor der Unverletzlichkeit seines Lebens, aber auch Schuldbewusstsein und Reue sind allen Beteiligten fremd. Es geht allein um die rücksichtslose Durchsetzung des eigenen Interesses. Was den alten Mergel tötete, tötet auch den Förster: die gnadenlose Lebensverachtung in einer Gesellschaft ohne sittliches Bewusstsein und humane Anteilnahme.

Freundschaften und Vertrauensverhältnisse gibt es nicht

Hellsichtig bemerkt später der Schreiber: „Die Schandbuben (...) ruinieren Alles; wenn sie noch Rücksicht nähmen auf das junge Holz, aber Eichenstämmchen wie mein Arm dick (...). Es ist, als ob ihnen andrer Leute Schaden eben so lieb wäre wie ihr Profit!“ (HL S. 21/ R S. 28). Der andere ist entweder brauchbar oder ein Feind. Freundschaften und Vertrauensverhältnisse gibt es nicht. Von einer Liebesbeziehung Friedrichs erfährt der Leser an keiner Stelle. Die

Gespräche und Dialoge sind beherrscht von lauernder Berechnung und Verstellung bis hin zu offener Aggression und Lüge. Das erste gilt für das Gespräch Simons mit seiner Schwester, das zweite für den dramatischen Dialog Friedrichs mit dem Förster. Wo die Bereitschaft zum Verständnis fehlt, herrschen Täuschung und Misstrauen sowie Verletzungsängste und Rachsucht.

Töten, um zu überleben

Doch was dem Leser klar ist, die anstiftende Täterschaft Friedrichs, spielt die Erzählerin im Stil des *Understatements* herunter, indem sie als geheime Beobachterin dem offensichtlich erregten Zustand ihres Helden eine vergleichsweise harmlose Erklärung unterschiebt: „Gereute es ihn vielleicht, den Förster nicht um Verschweigung seiner Angaben gebeten zu haben?" (HL S 20/R S. 27) Gerade die unterkühlte Darstellung aber hebt das Ungeheuerliche des Vorgangs umso markanter hervor. Das ausdrückliche Verharren an der Oberfläche der Erscheinungen stößt den Leser an, tiefer zu dringen, das, was sich außen abbildet, zu deuten. Die betonte Zurückhaltung der Erzählerin beteiligt den Leser und macht ihn im Sinne des berühmten Wortes von Novalis zum erweiterten Autor, der die eigentlichen Hintergründe des exakt Beschriebenen versteht. Die Erzählhaltung setzt um, was die Eingangsverse fordern: ein behutsames, sorgfältig abwägendes Umgehen mit den Fakten, verknüpft mit der impliziten Warnung, nicht das äußere Bild für die innere Wahrheit zu nehmen.

Geflecht von Verschleierungen

Ein Geflecht von Verschleierungen und unmissverständlichen Andeutungen bildet die Szene in Margreths Haus nach Friedrichs Heimkehr. Kopfweh und krampfhafte Schmerzen, begleitet von Ächzen und Stöhnen, scheinen eine Krankheit bei Friedrich anzukündigen. Aber der Leser wird auch hier in die Lage versetzt, hinter der Erscheinung das Wesen zu erkennen, das körperliche Kranksein als Symptom einer schweren seelischen Krise zu durchschauen. Die Halluzination eines Schusses, das Misstrauen der Nachbarin gegenüber, die mit der Mutter im Nebenraum redet, vor allem aber das schwere Stöhnen Friedrichs, als er den Bericht des Schreibers vom Totschlag des Försters hört, offenbaren seinen schweren Gewissensdruck.

Hass

Auch die Mutter weiß längst Bescheid, spätestens, nachdem sie von den verletzenden Reden des Försters gehört hat. Ungerührt und kalt nimmt sie die Nachricht von seinem Tode entgegen, da auch sie Hass nur mit Hass, Verletzungen nur mit Vergeltungswünschen beantworten kann. Betroffen ist sie indes, als die Blaukittel als mögliche Totschläger ins Spiel gebracht werden: „Gott im Himmel, geh nicht mit ihm ins Gericht! er wusste nicht, was er tat!“ (HL S. 21/R S. 28) Für den Leser ist der Hinweis auf Friedrich klar. Unmittelbar nach diesem Ausruf und nach der allgemeinen Annahme des Schreibers, dass Margreth ja wohl nur den „verfluchten Mörder“ (HL S. 21/R S. 28) gemeint haben könne, führt der Weg ins Krankenzimmer zum aufstöhnenden Friedrich, der damit in einen spontan entlarvenden Zusammenhang mit dem vorher Gesprochenen gebracht wird.

Recht des Stärkeren

Mit Margreth und dem Schreiber steht der Leser am Krankenbett des eigentlichen Mörders, der so gehandelt hat, wie es im Dorf üblich ist und wie es ihm der Kampf um seine soziale Stellung und sein eigenes Überleben eingab. Wer Gewalt ausübt, und sei es mit Worten und Androhungen, muss in einer Gesellschaft, in der das gnadenlose Recht des Stärkeren gilt, mit Gewalt rechnen.

Die Krankheit Friedrichs zeigt jedoch im Besonderen den inneren Widerstand des Einzelnen gegen das Töten und allgemein den kranken Zustand einer Gesellschaft, in der getötet wird, um zu überleben. Friedrich überwindet seine Krise jedoch erstaunlich schnell, wie denn die Hinwendung zum Schlechten allemal leichter fällt als die Anstrengung zum Guten. Ein Ruf Simons genügt, den abschüssigen Weg fortzusetzen, auf den ihn sein mörderisches Gesellenstück nun unausweichlich und endgültig gedrängt hat. Verräterisch ist Johannes Niemand als Überbringer des Rufs, stellt er Friedrich doch vor Augen, was aus ihm würde, wenn er dem Ruf nicht Folge leistete. Dem aus einem geächteten Elternhaus Stammenden ohne soliden Besitz bleibt nichts anderes, als sich in die Achtung einer Gesellschaft hineinzustehlen, ohne deren Ansehen er auf die Stufe eines Niemand absinken müsste.

Der Prozess

Das Unrecht triumphiert über das Recht

In welchem Zustand sich Recht und Ordnung befinden und wie man mit der Wahrheit umgeht, offenbart der nachfolgende Prozess. Keiner der Dorfbewohner ist bereit, zur Aufklärung des Mordfalls beizutragen, weil man allem Anschein nach das Handeln der Blaukittel billigt oder vielleicht auch in dem einen oder anderen Fall selbst daran beteiligt ist. Einmal mehr zeigt sich die Ohnmacht des Gerichts vor der herrschenden, von den meisten mitgetragenen allgemeinen Rechtlosigkeit. Das Unrecht triumphiert über das Recht, die Anarchie über die staatliche Herrschaft, das Chaos über die Ordnung.

Lüge

Friedrich scheint allein dadurch entlastet, dass man die Leiche des Försters eine Dreiviertelstunde entfernt vom Ort des fatalen Gesprächs gefunden hat, er als Täter also gar nicht in Frage kommen kann. Als man ihm während des Verhörs die Mordaxt in einer versuchten Überrumpelungsaktion vorweist, prallt er zunächst zurück, pariert dann aber geschickt: „(…) ich dachte Ihr wolltet mir den Schädel einschlagen." (HL S. 24/R S. 32) Seine Augen indes „schienen momentan auf einem ausgebrochenen Splitter am Stiele zu haften." (HL S. 24/R S. 32) Allem Anschein nach kennt er die Axt, auch wenn er es vor Gericht abstreitet. Wiederum klafft ein Widerspruch zwischen den Worten und der Wahrheit, wie denn Friedrich beim Verhör überhaupt alle Register der Verstellung zieht. Schon vorher hatte er bei der Schilderung des Gesprächs mit dem Förster alles weggelassen, was ihn hätte belasten können. Lüge und der klug taktierende Umgang mit den Fakten machen das Gericht hilflos. Wie die Gewalt behält auch die Lüge die Oberhand in einer Umgebung, in der es für den von der Deklassierung Bedrohten darauf ankommt, unter dem Schein der Rechtschaffenheit die eigene Haut zu retten bzw. sich unter der Vorspiegelung von Überlegenheit Respekt zu verschaffen.

Spannung zwischen Verschleierung und Offenlegung

Nur der Leser erfährt aus den kommentierenden Einlassungen der Erzählerin, was wirklich der Fall ist. Erst das erzählte Geschehen macht die Abgründigkeit des wirklichen Geschehens sichtbar, sodass die Sittenlosigkeit des realen Handelns und Verhaltens klar hervortritt und entlarvt werden kann. Aus der Spannung zwischen dem Dargestellten und der Darstellung selbst, zwischen Verschleierung und Offenlegung erwächst das realistische Profil der Novelle, die keinen Zweifel lässt an dem tatsächlich korrupten Zustand der geschilderten Welt und die dabei irgendwelche Möglichkeiten der Verbesserung erst gar nicht in Erwägung zieht. Die immer wieder eingestreuten aufdeckenden Hinweise sind Mittel der satirischen Dokumentation eines gesellschaftlichen Zustands, aus dem bestenfalls der Leser als Mitwisser Erkenntnisse und Anstöße für sein künftiges Handeln entnehmen könnte. Die in den Teufelskreis der Dorfgesellschaft Integrierten sind weder willig noch fähig, sich zum Besseren zu wenden. Wenn überhaupt eine Änderung möglich ist, dann nur unter der Bedingung, dass man bereit ist, aus dem Negativen zu lernen, da Vorbildliches nicht vorkommt. Realistisches Erzählen profiliert sich in der Revision der klassischen Positionen des Schönen, Guten und Wahren.

Die Erzählerin entlarvt den wahren Mörder unmissverständlich, indem sie auf den Blutfleck hinweist, der plötzlich sichtbar wird, als Friedrich die Axt auf den Gerichtstisch zurücklegt. Nach altem Aberglauben beginnt das Blut des Opfers anklagend hervorzutreten, wenn der Täter naht. Der symbolische Vorgang legt die Wahrheit bloß, während die Wirklichkeit in Lüge und Verstellung verharrt. Die heillos in Lug und Trug verwickelte Gesellschaft, in der die direkten wie die indirekten Mörder straffrei ausgehen, weil man unfähig und ohnmächtig ist, Schuld überhaupt festzustellen, leistet weiterem Morden Vorschub.

Entlarvung des wahren Mörders durch die Erzählerin

Den Triumph des Unrechts bedeutet der Hinweis der Erzählerin, dass der Fall nie aufgeklärt worden sei. Auch wenn die Blaukittel den Holzfrevel nach der Gerichtsverhandlung einstellen, bleiben die Spuren ihres verheerenden Handelns in der Natur wie im Bewusstsein der Menschen unübersehbar. Ausdrücklich weigert sich die Erzählerin, die Wirklichkeit durch eine versöhnliche fiktionale Wendung zu retuschieren: „Aber dies Alles hat sich wirklich zugetragen; ich kann nichts davon oder dazu tun.“ (HL S. 24/ R S. 33) Die reale Welt verbleibt im Zustand des Unrechts und der unaufgedeckten Schuld, unfähig, einen wirklich sittlichen Zustand herzustellen. Ziel der realistischen Authentizitätsfiktion ist es, die Schlechtigkeit und die sittliche Ohnmacht der menschlichen Gesellschaft quasidokumentarisch zu erweisen.

Die reale Welt verbleibt im Zustand des Unrechts

Friedrich erleidet nach seiner Krankheit, offenbar bewirkt durch die wiedererkannte Axt, einen zweiten schweren Gewisseneinbruch. Was eine Chance zur Reue und zur Umkehr eröffnen könnte, bleibt aber auch hier in der allgemeinen Korruption stecken, wie es denn überhaupt charakteristisch ist für novellistisches Erzählen, dass alle neu eingeschlagenen Wege nicht zu den erhofften besseren Zielen, sondern zu noch schlimmeren Zuständen führen. In diesem Sinne endete ja bereits die zweite Ehe des alten Mergel in einem Desaster, entpuppte sich die von Simon angebotene Arbeit als der Anfang von kriminellen Machenschaften, führte der Weg des Försters in den Tod und klärte die Gerichtsverhandlung nicht auf, sondern kapitulierte vor der Undurchdringlichkeit des Verbrechens.

Die verhinderte Beichte

Wunsch Friedrichs, aus dem Teufelskreis einer Gesellschaft herauszutreten

Insbesondere an die letzte Erfahrung knüpft Friedrichs abschließende Begegnung mit Simon an. Gesprächsauslösend ist seine Absicht, zur Beichte zu gehen, um sich zu entlasten. Zum ersten und einzigen Mal wird auf die Kirche und ihr mögliches Hilfsangebot an den Menschen verwiesen. Deutlich ist der Wunsch Friedrichs, aus dem Teufelskreis einer Gesellschaft herauszutreten, die den Einzelnen mit Verletzung und Vernichtung bedroht, wenn er nicht selbst verletzt und vernichtet. Gerade die Kirche und ihr Evangelium der Versöhnlichkeit im Sinne der Eingangsverse scheinen zur Läuterung und Veredelung des Menschen angetan. Doch genau besehen bleibt das Verhältnis Friedrichs zur Kirche und zum Pfarrgeistlichen recht unpersönlich. Zwar ist er über Sitten und Gebräuche sowie die kirchlichen Termine unterrichtet, aber seine Kenntnisse bleiben im Formalen. Von der Hoffnung des Glaubens und auf die Gnade Gottes ist an keiner Stelle die Rede. Im Grunde will sich Friedrich in der Beichte nur von erdrückender Schuld befreien, so wie man eine Last einfach irgendwo abstellt, um dann erleichtert wieder seiner Wege zu gehen. Auffällig ist bei allem Eingeständnis der Gewissensschuld, dass weder ein Wort von Reue noch von dem ernsthaften Willen zur Umkehr fällt. Insofern, als vor allem die entlastende Aufgabe der Kirche betont wird, der Einzelne von sich aus aber wenig beizutragen bereit ist, stellt sich das Verhältnis als halbherzig und einseitig dar.

Das Gespräch findet, wie die Auseinandersetzung mit dem Förster, noch in der Finsternis vor Tagesanbruch statt. Aber der anbrechende Tag bringt keine Klarheit für die Betroffenen. Am Ende steht das Arrangement mit dem Zwielichtigen und Verworrenen. Simon, angespannt und misstrauisch, tritt Friedrich in den Weg. Ein dramatischer Dialog entspinnt sich, nur unterbrochen von knappen Redeanweisungen. Dünn geworden ist die über die wahren Sachverhalte gebreitete Decke und erlaubt trotz aller weiteren Verdunklungsversuche verräterische Durchblicke. Für Friedrich wie für den Leser ist klar, dass die Mordaxt Simon gehört, auch wenn dieser sich mit dem Hinweis auf den neuen Stiel herauszureden versucht. Vergleichbar mit Simon, der jede Beteiligung am Mord abstreitet, ist auch Friedrich bestrebt, die Mordschuld allein auf den Onkel abzuwälzen, indem er zwar sein Unrecht zugibt, den Förster den falschen Weg gezeigt zu haben, zugleich aber vorschützt, dass er die Folgen nicht kalkuliert habe.

Arrangement mit dem Zwielichtigen und Verworrenen

Die Szene, in deren Verlauf sich der Himmel zunehmend bewölkt, spiegelt den Zustand der Wahrheit in einer korrupten Gesellschaft. Versucht der eine, dem anderen die Schuld allein aufzubürden, so verleugnet der andere von vornherein jegliches Schuldigsein. Zwei Schuldige unternehmen es, sich zu entlasten und belasten sich mit jedem Wort umso schwerer. Entlarvend ist die Verfälschung des achten Gebots: „Du sollst kein falsch Zeugnis reden wider deinen Nächsten." Während Simon das Attribut „falsch" aus guten Gründen unterschlägt, fügt Friedrich es wieder ein, verstummt aber zunächst bei der Zurechtweisung durch den Onkel. Das Gebot, das sich zentral gegen die Lüge wendet, wird groteskerweise benutzt, die Lüge zu installieren. Täuschung, Verfälschung und persönliche Verantwortung abweisende Entlastungsmanöver bestimmen das Gespräch zwischen der Finsternis unter bewölktem Himmel und dem Mondlicht am Schluss. Dunkel ist es in den Ein-

Die Szene spiegelt den Zustand der Wahrheit in einer korrupten Gesellschaft

zelnen geblieben, von denen keiner bereit war, sich zu seiner persönlichen Schuld zu bekennen. Klar hervorgetreten aber ist gerade durch die verzweifelten Verdunklungsversuche die volle, allerdings folgenlose Wahrheit.

Das Gespräch zwischen Simon und Friedrich bildet eine weitere Schlüsselszene der Novelle

Friedrich, verstrickt in die Schlechtigkeit seiner Welt und im Grunde ohne den rechten Glauben, geht nicht zur Beichte. Auch dieser Versuch, einen anderen Weg einzuschlagen, scheitert. Das Gespräch zwischen Simon und Friedrich bildet eine weitere Schlüsselszene der Novelle, zumindest für die Erkenntnis der geltenden gesellschaftlichen Standards. Heimlich zugelassene Gewalt und offene Lügen, Nötigung und Täuschung, Verfälschung christlicher Ethik sowie die Abweisung aller persönlichen Verantwortung zusammen mit der Unfähigkeit zu verändernder Selbsterkenntnis bestimmen das Verhalten der Menschen und verhindern nachhaltig die Läuterung zur Humanität. Ohnmächtig und ohne Einfluss steht die Kirche am Rande. Weder der Einzelne findet den Zugang zu ihr noch kommt sie selbst auf den Einzelnen zu. Der Pfarrgeistliche wartet drinnen im Beichtstuhl auf die Schuldigen, während draußen die Menschen weiterhin schwere Schuld auf sich laden und sich letztlich mit dieser arrangieren. Die Novelle schildert die Macht des Bösen wie die Ohnmacht des Guten, die Schlechtigkeit der Menschen wie die Teilnahms- und Wirkungslosigkeit der religiösen Hoffnungsträger.

Die sittliche Verwahrlosung Friedrichs

Friedrich ist ein Jemand, solange ihn die Gesellschaft trägt

Der Adoptivsohn Simons wird nun endgültig ein getreues Abbild seines Adoptivvaters und der in der Gesellschaft tonangebenden Kräfte. Adoption vollzieht sich in der Wahl und der Aneignung vorgelebter Verderbtheit. Alles kommt darauf an, den Schein zu wahren, in den Augen der Umwelt zu gelten, denn nur die öffentliche Meinung entscheidet über den Wert desjenigen, der keine persönliche Identität ausgebildet hat. Friedrich lebt im Grunde eine

Scheinexistenz, ein Jemand, solange ihn die Gesellschaft trägt, ein Niemand, wenn sie ihn fallen lässt. An ihm werden die fragwürdigen öffentlichen Maßstäbe beispielhaft deutlich: der materielle Schein als mindeste, aber ausreichende Bedingung für gesellschaftliches Ansehen und die Zurschaustellung von Stärke als Grundlage des Respekts. Soziale Eigenschaften wie Fürsorge und Mitgefühl zählen nichts.

Latente Gewalt

Friedrichs offene Vernachlässigung seiner Mutter tut seinem Ansehen keinen Abbruch. Der bloße Schein reicht aus, seinem größten Widersacher Wilm Hülsmeyer, der in soliden Verhältnissen lebt, Paroli zu bieten. Stets geht es um Selbstbehauptung, um Auseinandersetzung, um Kampf mit Rivalen und missgünstigen Kritikern. Nur dem Sieger gehört ein Platz in der Dorfgemeinschaft, dem Verlierer droht die Abschiebung ins Abseits. Bestimmend bleibt im Umgang miteinander die stets aktivierbare latente Gewalt, die man rücksichtslos einzusetzen bereit ist, sofern der eigene Platz in der Gesellschaft gefährdet ist.

Friedrich ist der Novellenheld par excellence

Bei allem Eingeständnis beschränkten Wissens um die wahren Vorgänge und Hintergründe verfügt die Erzählerin über eine erstaunliche Innensicht in ihren Helden. Er ist der Spiegel, in dem erkennbar wird, was die undurchsichtigen Verhältnisse verschleiern. Friedrich, ohne eine echte individuelle Entwicklung, ein bloßes Abziehbild der Erwartungen und Vorurteile seiner Umwelt, ist der Novellenheld par excellence, immer in der Gefahr, ein Opfer zu werden von dem, was ihn noch zu tragen scheint, endgültig abzustürzen in die Anonymität eines Niemand. Das realistische Erzählen der Droste erfüllt sich nicht zuletzt in der Modellierung ihrer zentralen Figur, in der alle wesentlichen Elemente einer Gesellschaft jenseits erfüllter Menschlichkeit scharf hervortreten.

Die Bauernhochzeit

Die Bauernhochzeit: ein gesellschaftliches Zerrbild

Der Tiefpunkt der Novelle, das Ziel, auf das alle abschüssigen individuellen wie kollektiven Prozesse unausweichlich zulaufen, ist mit der Bauernhochzeit erreicht, ein Szenarium, in dem die Katastrophe eintrifft. Auffällig ist die vorausgehende ironisch-pejorative Beschreibung. Von Betrunkenen und Schlägereien ist schon vorher die Rede. Die überfüllten engen Stuben werden verglichen mit „Pfandställen, in denen eine zu große Herde eingepfercht ist." (HL S. 27/R S. 36) „Glänzend" wird das Orchester genannt, in dem Dilettanten nach Belieben und aufs Geratewohl aufspielen, und „köstlich" erscheint in dick aufgetragener Ironie das Fest mit seinen von Schweiß triefenden Gästen. Ein gesellschaftliches Zerrbild entsteht, animalisch, chaotisch und abstoßend.

Nahtlos fügt sich der wie ein Hahn stolzierende Friedrich in dieses satirisch-pointierte Genrebild ein, peinlichst darauf bedacht, sich durch auffälliges Imponiergehabe ins rechte Licht zu rücken. Verräterisch sind die ausschließlichen Hinweise auf sein Äußeres, auf sein auffälliges Benehmen ebenso wie auf seine ausgesuchte Kleidung. Das Ansehen, das die Gesellschaft ihm, genauer seinem Erscheinungsbild, entgegenbringt, muss ersetzen, was ihm an persönlichem Wertbewusstsein fehlt. Erst sein ganz am Äußeren orientiertes Dasein erklärt die allgemeine Aufregung um den Butterdiebstahl, eine Lappalie, aber zugleich ein verräterischer Hinweis auf die leichte Verletzbarkeit von Friedrichs mühsam aufgebautem Ansehen. Johannes Niemand, der Butterdieb, tritt auf dem Höhepunkt von Friedrichs Selbstinszenierung auf, Verkörperung der Schattenseite einer Existenz, die in ihrer Scheinhaftigkeit stets von der Gefahr der Bloßstellung bedroht ist.

Aus Achtung wird Ächtung

Die in dem banalen Zwischenfall spontan hervortretende Angst vor dem jederzeit möglichen Absturz aus der Achtung in die Ächtung, aus der Stellung eines Jemand in das soziale Nichts verleiten

Friedrich zu einer aggressiven Übersprunghandlung. Noch einmal gelingt es ihm, die Gestalt gewordene Vernichtungsdrohung mit Gewalt aus der Sphäre zu vertreiben, wo ihn der Schein am Leben erhält, wenn auch „seine Würde" (HL S. 28/R S. 38), wie es heißt, verletzt ist. Auffällig ist die geheime Identifikation Friedrichs mit seinem Doppelgänger. Der Hinauswurf Niemands kommt einer Verdrängung der eigenen Erbärmlichkeit gleich, dem Nichtwahrhabenwollen eines heruntergekommenen, zukunftslosen Lebens.

Der Auftritt des Juden

Die schlimme Wendung in Friedrichs Leben

Die Herabsetzung Friedrichs, seine vollkommene soziale Ausgrenzung ist eingeleitet. Auf den peinlichen Zwischenfall folgt unmittelbar der Auftritt des Juden Aaron, der Friedrich an die noch ausstehende Zahlung für eine silberne Uhr mahnt und ihn damit vor allen blamiert. Friedrich verlässt die Gesellschaft, aus der er vorher seinen Doppelgänger ausgestoßen hatte, nun selbst als Ausgestoßener „wie vernichtet" (HL S. 29/R S. 39). Hohn und Schadenfreude begleiten seinen Abgang. Doch die zentrale Demaskierungsszene wird nicht unmittelbar dargestellt, sondern als Rückblende nachgeholt. Während die schlimme Wendung in Friedrichs Leben eintritt, lenkt die Erzählerin den Blick auf das Brautpaar, auf ein junges Mädchen und einen mürrischen älteren Mann. Die auf den ersten Blick funktionslos wirkende Episode bildet in ironischer Brechung einen symbolischen Kommentar zum Hauptgeschehen. Wichtig ist vor allem die Reaktion des gealterten Bräutigams auf das offenbare Unglück seiner jungen Braut: „(…) du bist es nicht, die mich glücklich macht, ich mache dich glücklich!" (HL S. 29/R S. 39) Nicht um Liebe, um das wechselseitig sich anerkennende Zusammenstehn geht es, sondern um die einseitige Bestimmung einer Person durch eine andere. Tonangebend ist der ältere Mann, während das junge Leben an seiner Seite sich zu fügen und zu unterwerfen hat. In der

Lieblosigkeit dieser Gesellschaft hat auch Friedrich seinen Platz. Einseitig wie das Glück der Braut ist sein Glück bestimmt durch die Zuwendung von außen. Wo sie ausbleibt oder aufgekündigt wird, beginnt das persönliche Unglück. Nur die Liebe, das soziale Miteinander könnten der Gefährdung des Einzelnen in einer Umgebung entgegenwirken, die seine Einzigartigkeit ignoriert und missachtet und dadurch Hass, Gewalt und Selbstverachtung provoziert, sobald sie ihn zurückstößt.

Für Friedrich bedeutet die Begegnung mit dem Juden einen jähen Umschlag der bisher entgegengebrachten Achtung in die allgemeine Ächtung. Mit einem Schlag bricht seine Identität in sich zusammen, weil sein Selbstwertgefühl ausschließlich auf die Anerkennung von außen gründet. Die Verachtung, die dem Entlarvten schonungslos entgegenschlägt, nachdem seine Schwäche hervorgetreten ist, kommt einem Vernichtungsurteil gleich. Der Wendepunkt der Novelle markiert die Station, von der an der Lebensweg des Einzelnen steil bergab führt. Gleichzeitig tritt die Hauptgestalt auffällig zurück. Erfährt der Leser von der entscheidenden Szene zwischen Aaron und Friedrich nur im nachgestellten Erzählerbericht, so wird die Ermordung des Juden erst Tage später entdeckt. Die tödliche Begegnung selbst ist ausgeblendet, ihre Rekonstruktion dem Leser überlassen. An der Täterschaft Friedrichs besteht jedoch kaum ein Zweifel.

Der Judenmord

Kreislauf von Gewalt und Gegengewalt

Der dritte Tote ist das Opfer einer spontan-aggressiven Reaktion auf die erlittene persönliche Vernichtung. Wer das Ansehen eines andern irreparabel zerstört, muss mit dem Schlimmsten rechnen, da der Mensch in einer konsequent außenorientierten Gesellschaft nur das ist, was er scheint. Wenn der Schein zerreißt und die Erbärmlichkeit hervortritt, folgt auf die Selbst- die Fremdzerstörung,

„Aug um Auge, Zahn um Zahn!“ (HL S. 31/R S. 42), stößt die Frau des Opfers hervor und bringt damit den mörderischen Kreislauf von Gewalt und Gegengewalt auf die bekannte alttestamentliche Rechtsformel, nach der im Grunde alle in einer lieb- und gnadenlosen Gesellschaft handeln.

Friedrich entzieht sich mit seiner Flucht der Verantwortung

Friedrich aber entzieht sich mit seiner Flucht der Verantwortung. Er tritt gleichsam endgültig ab von der sozialen Bühne, die sein Leben gewesen war, nachdem ihn die Erzählführung bereits vorher mehr und mehr in den Hintergrund hatte treten lassen. Bezeichnenderweise lässt er die guten Sonntagskleider, die Requisiten des Scheins, zurück, da der Schein seine Wirkung verloren hat. Die Ausblendung der Totschlagszene, wie vorher schon der Demaskierungsszene, ist kein Verschleierungsmanöver, sondern Ausdruck des Abdrängens der bisher zentralen Figur aus dem Mittelpunkt des Geschehens. Unmittelbar präsent war Friedrich nur so lange, wie er in der allgemeinen Achtung stand, geächtet aber erscheint er nur noch mittelbar in rückwärtsgewandter Berichterstattung. Sein weiteres Schicksal nach der Flucht verliert sich im Dunkeln, parallel zur Auflösung seiner Identität.

In der Gesellschaft, die er zurücklässt, herrscht weiterhin die Gnadenlosigkeit der alttestamentlichen Rechtsformel, wie sie schließlich in die Buche, an der man Aarons Leiche gefunden hatte, eingehauen wird. Wer verletzt, soll verletzt, wer tötet, soll getötet werden. Für alle Zeiten installiert ist der Unfrieden, der Krieg aller gegen alle. Der Baum als Träger organischen Wachstums steht dabei einmal mehr im Widerspruch zum lebensverachtenden Handeln der Menschen. Die Inschrift im Baum ist das vom Menschen der Schöpfung aufgedrückte Siegel der Zerstörung.

Die Heimkehr

Friedrich ist zu Niemand geworden

Nach achtundzwanzig Jahren kehrt Friedrich aus der Sklaverei in sein Heimatdorf zurück, weil er nur hier wiederfinden kann, was er verloren hat: ein Mindestmaß an gesellschaftlichem Ansehen, ohne das er keinen Frieden mit sich selbst und seiner Welt machen kann. Bezeichnend aber ist, dass man in dem Heimgekehrten nicht Friedrich, sondern Johannes Niemand, den Verleugneten und Ausgegrenzten, erkennt. Friedrich ist eins geworden mit seinem Doppelgänger, mit der Schattenseite seines Daseins, mit der Existenz eines bloßen Niemand. Gesellschaftlich bleibt ihm nur ein Platz im Abseits. Bereitwillig nimmt er die ihm angetragene Rolle an, selbst die Erzählerin nennt ihn ausschließlich beim Namen seines verschollenen Doppelgängers.

Symbolische Geste der endgültigen persönlichen Aufgabe

Friedrich ist heimgekommen, um zu sterben, in der Hoffnung, trotz allem noch am Ende „auf einem katholischen Kirchhofe“ (HL S. 39/R S. 53) zu liegen, wenigstens im Tod wieder aufgenommen zu sein in eine Gesellschaft, deren Ansehen ihm alles bedeutet hat. Ein letztes Lebenszeichen erfährt der Leser von einem Kind, das den Heimgekehrten am Rande des Brederholzes beim Schnitzen eines Löffels beobachtet hatte: „(...) er schnitt ihn aber ganz entzwei (...)“ (HL S. 40/R S. 55). Das letzte Lebenszeichen ist eine symbolische Geste der endgültigen persönlichen Aufgabe. Vorweggenommen wird mit dem Zerschnitzen des Löffels, vergleichbar der Szene, in der sich der Vater einst mit einem abgebrochenen Flaschenhals Gesicht und Hände zerschnitt, die kurz darauf vollzogene Selbstauslöschung. Friedrich erhängt sich in dem Baum mit der gnadenlosen alttestamentlichen Rechtsformel, unter dem der alte Mergel und Aaron ihren Tod gefunden hatten.

Der Erhängungstod Friedrichs in der Judenbuche

Am Ort des Todes und der Todesdrohung stirbt das vierte Opfer einer menschlich verwahrlosten und menschenverachtenden Gesellschaft, in der Hass und Gewalt folgerichtig in Selbsthass und Gewalt, die man sich selbst antut, münden, ob man sich nun erhängt oder zu Tode säuft. Verachtet und ausgestoßen bleibt dem Niemand ohne ein tragfähiges Selbstwertgefühl nur, das längst über ihn verhängte Todesurteil selbst zu vollstrecken. Noch im Tod trifft den Ausgestoßenen die volle Wucht sozialer Unversöhnlichkeit. Nachdem man in dem Erhängten Friedrich erkannt hat, wird seine Leiche ohne weiteres Besinnen auf dem Schindanger verscharrt. Verstehen und Verzeihen im Sinne der Eingangsverse gibt es selbst im Tod nicht. In grausamer Konsequenz bewahrheitet sich die Inschrift des Baums. Die versöhnliche Botschaft des Weihnachtslieds, das dem Heimkehrer entgegengeklungen war, hat sich nicht erfüllt. Sein Versagen, in das Lied einzustimmen, zeigt, dass Gnade und Liebe in seiner Welt keinen Platz haben, religiöse Verheißungen und die gelebte Wirklichkeit weit auseinanderklaffen.

Noch im Tod trifft den Ausgestoßenen die volle Wucht sozialer Unversöhnlichkeit

Eine Novelle vom Töten

Die Judenbuche ist eine Novelle vom Töten, von der vernichtenden Ausgrenzung bis hin zum mörderischen Auslöschen des Mitmenschen und der Selbstauslöschung. Die zeitliche Unstimmigkeit, dass Friedrich Weihnachten 1788 heimkehrt und sich im September desselben Jahres erhängt, erklärt sich aus symbolischen Intentionen. Im Unterschied zum wirklichen Judenmörder, der das fünfzigste Lebensjahr nicht erreichte, lässt die Droste Friedrich genau in seinem fünfzigsten Jahr sterben. Ähnlich wie in der Ballade *Die Vergeltung* die Balkeninschrift 510, verweist hier die Fünfzig als Produkt aus 5×10 auf das fünfte Gebot aus dem Dekalog: „Du sollst nicht töten." Aber gerade gegen dieses Gebot, gegen die Unverletzlichkeit des

Das fünfte Gebot

Menschen, seines Lebens und seiner Würde wird in der Novelle durch den mörderischen Umgang mit dem Mitmenschen fortlaufend verstoßen. Der Mensch greift zerstörend in die Natur und in das Leben der anderen wie in sein eigenes Leben ein und hinterlässt Verwüstung und Destruktion. Missachtung der Natur und des Lebens, Ächtung und Selbstverachtung bestimmen das Geschehen und das Verhalten der Menschen in einer Gesellschaft ohne sittliche Orientierung, ohne Achtung vor der Schöpfung.

Gesellschaftsspiegel eines inhumanen historischen Zustands

Auf dem Hintergrund restaurativer Unterdrückung und Verengung sowie zunehmender materialistischer Tendenzen entwirft die Droste im regionalen Modell einen radikal negativen gesellschaftlichen Zustand. Wo das Kollektive alles ist, muss das Individuelle verkümmern, wo der Schein herrscht, muss das Sein unterliegen, wo es unter Liquidierung von verständnisvollen und versöhnlichen Haltungen nur darauf ankommt, sich allein selbst in seinem natürlichen und sozialen Lebensraum zu behaupten, ist Gewalt ein probates Mittel, das sich im Fall des Scheiterns gegen den Scheiternden selbst wendet. Die Novelle schildert eine Welt jenseits von Menschlichkeit und Liebe, eine Welt, in der man nimmt, ohne zu geben, in der man umbringt, was einen selbst umzubringen droht, in der es nur Täter und Opfer gibt, echte menschliche Beziehungen, Interesse, Solidarität und Liebe aber ausgeschlossen sind. Die Novelle, von der Droste selbst ein „Sittengemälde" genannt, erstellt den Gesellschaftsspiegel eines inhumanen historischen Zustands mit entlarvenden aktuellen Parallelen, sofern der zeitgenössische Leser bereit ist, illusionslos und selbstkritisch in den vorgehaltenen Spiegel hineinzusehen.

4. REZEPTIONSGESCHICHTE

ZUSAMMEN-FASSUNG

Der „Westfälische Anzeiger“ druckte die Novelle bereits im Jahr ihres Erscheinens nach. Dadurch wurde sie einem größeren Publikum bekannt. Die zeitgenössische Literaturkritik lobte das poetische Können der Dichterin, fand die Novelle jedoch düster und mit zu geringer poetischer Verklärung ausgestattet. Erst die Aufnahme in den „Novellenschatz“ durch Paul Heyse brachte ihr den bis heute anhaltenden Erfolg. Sie wurde in alle europäischen Sprachen übersetzt und vielfach von namhaften Illustratoren mit Zeichnungen ausgestattet. Zu ihrem anhaltenden Erfolg trägt nicht zuletzt die Aufnahme in den Schulkanon bei.

Nachdruck gleich im Erscheinungsjahr

Die Novelle fand schnell ihren Weg zu den zeitgenössischen Lesern. Noch im Jahr des Erstdrucks erschien vom 1. Juni bis zum 13. Juli ein Nachdruck in dem in Arnsberg herausgegebenen „Westfälischen Anzeiger“ und schuf die Voraussetzungen für eine breite Aufnahme des Werks in der Heimat der Dichterin.

> „*Die Judenbuche* hat endlich auch hier das Eis gebrochen und meine sämtlichen Gegner zum Übertritt bewogen, sodass ich des Andrängens fast keinen Rat mehr weiß (...).“[10]

Verglichen mit der begeisterten Aufnahme beim breiten Lesepublikum war die literarkritische Resonanz schwach. Allem An-

10 Annette von Droste-Hülshoff: *Briefe*, Band 2, S. 109.

Arbeitszimmer der Droste auf Schloss Meersburg am Bodensee

schein nach hat es nur eine, von der Droste selbst erwähnte zeitgenössische Rezension gegeben, und zwar in der „Revue", einem Beiblatt der Dresdener „Abend-Zeitung" vom 15. Juni 1842. Die Novelle wird dort als eine düstere, aber spannende und mit psychologischer Wahrheit geschriebene Erzählung vorgestellt. Der Dichter und Literaturprofessor Karl Simrock, so berichtet die Dichterin, soll sich in einem Gespräch lobend über die Novelle geäußert und auf ihr Talent als Novellistin mit Nachdruck verwiesen haben[11].

11 Ebd., S. 78.

Für Oskar Ludwig Bernhard Wolff, den bekannten Literaturwissenschaftler und Herausgeber von Anthologien, bestand kein Zweifel, dass sowohl die Gedichte als auch die Novelle aufgrund ihrer hohen literarischen Qualität beim renommierten Stuttgarter Cotta-Verlag ihren angemessenen Publikationsort hätten[12]. Wohl in Erinnerung an den großen Erfolg bei der Leserschaft des „Morgenblatts" wandte sich der Redakteur Hermann Hauff in einem Brief persönlich an die Dichterin und bat um weitere Beiträge. Die Publikationsweise in Fortsetzungen mag dafür verantwortlich sein, dass die Novelle schon bald nach ihrem Erscheinen wieder in Vergessenheit geriet. Auf raschen Lesekonsum ausgerichtet, legte man die Zeitschriften nach der Lektüre beiseite.

Breitere Rezeption mit der Sammlung *Letzte Gaben*

Eine breitere, kontinuierliche Rezeption erfolgte erst mit der von Levin Schücking 1859/1860 besorgten Sammlung *Letzte Gaben*. In einigen Rezensionen setzte man sich nun auch wieder mit der *Judenbuche* auseinander, wenn auch im Allgemeinen die Lyrik höher eingeschätzt wurde. Hermann Marggraff und Wolfgang Menzel deuteten, dem literarischen Zeitgeschmack folgend, die Novelle als Dorfgeschichte. Diesem Urteil schloss sich auch Levin Schücking an. Weniger zustimmend äußerte sich 1859 ein anonymer Rezensent in „Europa. Chronik der gebildeten Welt". Deutlich wertete er die stofflich allzu düstere Novelle im Vergleich mit den *Bildern aus Westfalen* ab. Die erste ausführliche Würdigung aus der Feder des Publizisten und Literarhistorikers Julian Schmidt in den Leipziger liberalen „Grenzboten" (1859) bescheinigte der Dichterin ein unbezweifelbares dichterisches Talent, kritisierte jedoch das Fehlen eines nachvollziehbaren tieferen Zusammenhangs. Die Novelle sei weitgehend geprägt von einem prosaischen Realismus, dem die poetische Verklärung abgehe.

---

12 Ebd., S. 107.

Theodor Fontanes Meinung

Deutlich wird gerade an dieser insgesamt wohlwollenden Besprechung, dass man der Novelle mit den Maßstäben des poetischen Realismus wohl kaum gerecht werden kann. In der Abweisung jeglicher Verklärung scheint ein typischer Zug des schmalen Werks zu liegen. Doch noch Theodor Fontane äußerte sich 1890 äußerst kritisch. Zwar hob er die Wirksamkeit des Stofflichen hervor, in künstlerisch-novellistischer Hinsicht jedoch sah er sich außerstande, der Novelle einen besonderen Rang zuzugestehen. Nach seiner Ansicht konkurrieren die Jugendgeschichte und die Geschichte Simon Semmlers allzu sehr miteinander, ohne dass sich der Eindruck einer zwingenden Verknüpfung einstelle.

Theodor Storms Unterstützung

Schon vorher hatte Paul Heyse die Undurchschaubarkeit der Handlung kritisiert. Zusammen mit seinem Mitherausgeber Hermann Kurz zögerte er lange, die *Judenbuche* in den geplanten *Deutschen Novellenschatz* aufzunehmen. Insbesondere Theodor Storm trat in dieser Zeit immer wieder bei Heyse dafür ein, die Novelle unbedingt zu berücksichtigen. Zwar vermisste auch er die letzte Vollendung, aber außer Frage stand für ihn der enorme poetische Instinkt der westfälischen Dichterin. Die Aufnahme in den *Novellenschatz* erfolgte dann 1876 im Band 24 der Reihe, nachdem Hermann Kurz, der wohl entschiedenste Gegner, 1873 gestorben war und auch der Verleger der *Letzten Gaben* zugestimmt hatte. In der Einleitung lobte Paul Heyse die Kraft und die Fülle der Darstellung, die Frische und Farbigkeit der Charakteristik sowie die erschütternde Einfachheit der Lebensbilder. Zugleich kritisierte er jedoch die Neigung zum Dunklen und Geheimnisvollen und das Fehlen erzählerischer Verknüpfungen.

Bis heute über hundert, zum Teil illustrierte Einzelveröffentlichungen

Mit dem Druck im *Novellenschatz* setzte eine Flut von Einzelveröffentlichungen ein. Bis heute liegen über hundert vor. Besonders bemerkenswert sind unter ihnen die illustrierten Ausgaben. 1910 entwarf Otto Ubbelohde vier farbige Federzeichnungen im

Jugendstil. Ihm folgte 1913 der ungarisch-deutsche Grafiker Rudolf André mit 22 Illustrationen, die ebenfalls noch stark an den Jugendstil anklingen. Max Unolds Zeichnungen für die 1919 auch im Insel-Verlag erschienene Ausgabe wendet sich vor allem dem bäuerlichen Milieu und der Landschaft zu. Das Düstere, Unheimliche und Schicksalhafte heben die fünf Federzeichnungen von Johannes Thiel aus dem Jahr 1921 hervor. Heinrich Nattens Radierungen von 1923 vertiefen in expressionistischer Stilisierung die Bildaussagen ins Psychologische und Wesentliche. Landschaft verwandelt sich in ein undurchdringliches Labyrinth.

Von herausragender künstlerischer Bedeutung sind die 1925 veröffentlichten Zeichnungen von Alfred Kubin. Im Zentrum steht Friedrich Mergel, dessen Persönlichkeitszerfall in fantastischer Linienführung erregend dargestellt wird. Mit Kubin ist der Höhepunkt der illustrierten Ausgaben der Novelle erreicht.

Die in den dreißiger und vierziger Jahren des 20. Jahrhunderts erschienenen Illustrationen blieben in der künstlerischen Aussage um einiges hinter dem am Anfang des Jahrhunderts erreichten Niveau zurück. Einen interessanten Neuanfang bedeuten die zwölf Holzstiche von Karl-Georg Hirsch aus dem Jahr 1996. Leitmotivisch ist für ihn vor allem die Wendung vom „arm verkümmert Sein“ aus dem Einleitungsgedicht. In der schmerzhaft verrenkten Körperhaltung Friedrichs spiegelt sich die Tragik eines unglücklichen, unerfüllten Lebens.

Breitenwirkung erlangte *Die Judenbuche* in erster Linie als Schullektüre. Die Novelle wurde in alle wichtigen europäischen Sprachen und ins Japanische übersetzt.

Schullektüre

5. MATERIALIEN

Unter den bedeutenden Novellen des 19. Jahrhunderts sticht *Die Judenbuche* mit ihrem prägnant dramatischen Profil auffällig hervor. Gerade hier gilt das Wort Theodor Storms, der sich sehr für das Droste'sche Werk einsetzte, dass die Novelle eine „Schwester des Dramas" sei. In den bedeutungstragenden szenischen Partien werden Region, Heimat und Landschaft zur Bühne, auf der die Personen als Rollenträger gesellschaftlicher Positionen und existenzieller Schicksale agieren. Durchaus charakteristisch für den Darstellungsstil ist, dass die Personen oft in dramatischen Redesituationen selbst zu Wort kommen und sich die vermittelnde Erzählerin betont zurückhält.

Bühnenfassungen

Insofern sind in besonderem Maße den Dramatisierungen der Novelle zusätzliche, aufschlussreiche und angemessene Interpretationsansätze zuzutrauen. Umso erstaunlicher ist, dass dramatische Versuche erst spät einsetzen. Bühnenversionen der *Judenbuche* sind vor allem verbunden mit der Freilichtbühne Bökendorf, mit dem Ort also, wo die Großeltern der Dichterin im Schloss Bökerhof wohnten und wo sie sich selbst seit ihrer Kindheit häufig aufhielt. Hier kam sie mit dem Stoff zu ihrer Novelle in Berührung, mit dem Kriminalfall, der sich in der Region tatsächlich ereignet hatte.

Die Freilichtbühne ist ein durchaus angemessener Rahmen für ein Geschehen, das aus dem landschaftlichen Umfeld herauswächst und mit diesem Umfeld verbunden bleibt. Die Freilichtbühne wird zum dramatischen Ort, wo sich Heimat im tragischen Sinn erfüllt und die handelnden Personen eingebunden sind in die äußeren Existenzbedingungen, anschaulich präsent in der Naturkulisse.

Anfang der Dramatisierungen

Den Anfang der Dramatisierungen der Novelle auf der Freilichtbühne Bökendorf machte 1964 Johannes Domine. Programmatisch gab er seiner Bühnenversion den Titel *Es wird dir ergehen, wie du mir getan!* Im Zentrum steht die Inschrift an der Buche. In diesem Sinne inszeniert Domine sein Stück als eine Art Schicksalstragödie, in der sich der Fluch als göttliche Fügung gleich zwei Mal erfüllt. Zunächst holt Simon, der im Unterschied zum novellistischen Geschehen bei Friedrichs Rückkehr noch lebt, der Fluch seiner bösen Taten ein. Furchtbar treffen ihn die Schuld des Meineids, mit dem er seinen Sohn einst verleugnete, und die Schuld als Mörder des Försters. Simon, der den Namen des Herrn missbrauchte, wird „nicht ungestraft" bleiben, wie es bei Moses (2. Mose 20,7) allen prophezeit wird, die falsch schwören. Während der Meineidige und Mörder seiner Hinrichtung entgegensieht („Wer Menschenblut vergießt, des Blut soll wiedervergossen werden." 1. Mose 9,6; vgl. auch 2. Mose 21,12: „Wer einen Menschen schlägt, dass er stirbt, der soll des Todes sterben."), erfüllt sich an Friedrich, der sich in der Buche erhängt, der von den Juden eingehauene Fluch.

Domine versteht die Novelle ausschließlich im alttestamentarischen Sinn. Simon wird zur eigentlichen Hauptfigur, da er allein die Schuld trägt am abschüssigen Lebensweg des Neffen. Der Mensch erscheint 18 Jahre nach dem Ende des Zweiten Weltkriegs verantwortlich für die Gräuel, die er angerichtet hat, für die er nun erbarmungslos zur Rechenschaft gezogen werden muss. Er ist es, der sein eigenes Schicksal bestimmt und der sich gnadenlos vor das Gericht gestellt sieht, das er durch sein Handeln selbst über sich heraufbeschworen hat. Schuldig geworden sind die Väter an den Söhnen, so wie Simon an Friedrich.

Die Unversöhnlichkeit des Stücks, zweifellos eine allzu einseitige Auslegung der Novelle, ist Ausdruck eines Bewusstseins, das dem Menschen im Rückblick auf die Kriegskatastrophe die gerechte Strafe für seine schwere Schuld ohne Nachsicht zumisst. Wer Menschenleben zerstört und die junge Generation irreführt, missbraucht, ihr Leben verpfuscht und ihr die Zukunft nimmt, dem kann, dem darf nicht verziehen werden. Verständnis musste diese unnachsichtige Einstellung gerade in der Nachkriegszeit finden.

70er-Jahre

In den 70er-Jahren schien solche Haltung überholt. An die Stelle von Domines radikal alttestamentarischer Auslegung trat die an der Versöhnlichkeit des Neuen Testaments orientierte Dramatisierung von Paul Wanner, die der Aussage und der sittlich-religiösen Grundüberzeugung der Novelle wieder gerechter wird. Im Finale, nachdem man im Erhängten Friedrich erkannt hat, fordert Wilm Hülsmeyer die Beerdigung des Selbstmörders auf dem Schindanger. Doch nun ist es der Baron, der sich solch rigoroser Verurteilung entgegenstellt. „Da kann man uns alle danebenlegen. Wir haben uns ein warmes Haus gebaut und lassen so einen draußen erfrieren (...) Oder will einer hier den ersten Stein werfen?“[13] Dem Baron wird das Wort aus den Eingangsversen in den Mund gelegt und so die in ihm sich äußernde Haltung in die Handlung selbst einbezogen. Das versöhnliche Eintreten des Gutsherrn, der in der Novelle die Beerdigung Friedrichs auf dem Schindanger nahelegt, bleibt im Schauspiel nicht ohne Wirkung. Man trägt die Leiche des Erhängten in das Haus seiner Mutter, die anders als in der Novelle erst kurz vorher verstorben ist. Friedrich kehrt dorthin zurück, wo sein Lebensweg begonnen hat. Am Ende steht nach einem Leben schlimmer Verstrickungen die gelungene Heimkehr des „arm verkümmert Seins“ in den Schoß der Mutter, die hier sinnbildlich steht für die große Mutter Erde, in die der Tote wieder eingeht und in der er seinen Frieden findet. Wanners dramatische Bearbeitung macht

---

13 Paul Wanner: *Die Judenbuche. Schauspiel in vier Akten.* o. O., o. J. S. 52.

Ernst mit der christlichen Forderung des Eingangsgedichts, indem er die Menschen am Ende im Sinne des Neuen Testaments handeln lässt.

Neubearbeitung 1997

Marianne Volmer, die Wanners Fassung für die Aufführung 1997 zum 200. Geburtstag der Dichterin neu bearbeitete, schrieb den Schluss um. Im Wortlaut der Novelle lässt sie den Baron nach der Identifizierung des Erhängten sagen: „Es ist nicht recht, dass der Unschuldige für den Schuldigen leidet. Sagt es nur allen Leuten: der da war Friedrich Mergel!“[14] Die Forderung des jungen Brandis, den Toten auf dem Schindanger zu beerdigen, ruft bei niemandem Widerspruch hervor.

Doch während die Bühne sich verdunkelt, spricht eine Stimme vom Band die Eingangsverse. Marianne Volmer stellt werkgetreu den Abstand zwischen christlichem Gebot und dem praktischen Handeln der Dorfgemeinschaft wieder her. Mit der ausklingenden Einblendung der Eingangsverse verweist jedoch auch ihre Neubearbeitung eindringlich auf die fundamental versöhnliche Haltung. Gleichzeitig akzentuiert sie dadurch die novellistische Tiefenstruktur, die in Anlehnung an das christliche Heilsgeschehen die alttestamentarische Gnadenlosigkeit unter Berufung auf die Gnade des Neuen Testaments überwindet. Auch diese legt ja dem Leser am Ende die Rückkehr zum Anfang nahe, weil sich nur so der Kreis, in dem sich die verheißene Erlösung vollzieht, schließt.

Gemeinsam ist allen drei Bearbeitungen für die Freilichtbühne die dramatische Spannung zwischen Schuld und Sühne. Während in Domines Schicksalstragödie das Schwergewicht auf Schuld und gerechter Strafe liegt, heben die mehr geistlich-christlichen Dramatisierungen Wanners und Volmers Sühne und Gnade hervor, so

---

14 Marianne Volmer: *Die Judenbuche. Schauspiel in vier Akten.* Bökendorf 1997, S. 57.

wie sie im Neuen Bund wirksam geworden ist. Zentral ist in allen drei Versionen die Konzentration auf die religiöse Aussage.

Filmfassung

Die am 29. November 1980 erstmals ausgestrahlte, im Auftrag des Bayerischen Rundfunks produzierte Filmfassung ist bei werkgetreuer Umsetzung vor allem darum bemüht, aus der Novelle eine spannende „literarische Filmerzählung" zu entwickeln. Im Wesentlichen konzentrieren sich die Spielszenen auf die bereits in der Novelle szenisch herausgehobenen Höhe- und Tiefpunkte, wobei die Filmhandlung allerdings erst Jahre nach dem Tod des Vaters und kurz vor der Begegnung Friedrichs mit Simon einsetzt. Voraus gehen, um den Handlungshintergrund einzufangen, Auftritte des Juden beim Handeln und Feilschen mit dem alten Hülsmeyer und Simons als Anführer der Holzfrevler.

Die jeweils verbindenden Erzählerreden in der Novelle löst der Film im Dialog zwischen der Dichterin und ihrem Freund Levin Schücking in der authentischen Kulisse des Rüschhauses auf. Breite, von der Dichterin selbst vorgelesene Passagen aus ihrem Werk unterstreichen das Bemühen um eine möglichst werktreue Visualisierung. Bemerkenswert ist durchaus, wie der Film die novellistische Struktur veranschaulicht, ohne allzu willkürlich in den Text der Vorlage einzugreifen. Aber gerade die betonte Werktreue lässt im Grunde keine wirkliche Spannung aufkommen. Die szenisch herausgehobenen Gipfelereignisse gelangen in der Darbietung über ein bloßes Sprech- und Standtheater kaum hinaus. Chronologisch aneinandergereiht verhindern sie einen mitreißenden Handlungsfluss. Was in der Novelle im spannungsgeladenen Halbdunkel verbleibt, legt der Film, alles Geheimnisvolle zerstörend, offen. Von vornherein weiß der Zuschauer, dass Simon der Anführer der Blaukittel ist und dass er im weiteren Verlauf zum Mörder des Försters wird. Selbst das Dunkel, das den Judenmord umgibt, löst der Film auf. Nach der blamablen Begegnung mit Aaron lässt Friedrich keinen Zweifel an seiner Mordabsicht. Die Fäuste ballend versichert er, den, der seinen Ruf zerstört hat, „kaltzumachen". Was problemlose Spannung erzeugen soll, zerstört sie konsequent.

Aber gerade diese Erfahrung mit dem Film zeigt, wie wichtig das geheimnisvolle Halbdunkel der Geschehnisse ist, die sich erst dem nachdenkenden, produktiven Rezipienten erschließen sollen. Insofern bildet selbst noch die nicht besonders gelungene Literaturverfilmung Aufschluss über wichtige Strukturzüge der Erzählvorlage. Als Anstoß zu einer kritisch vergleichenden Diskussion erscheint der Film gerade wegen seiner offensichtlichen Schwächen empfehlenswert. Zugleich ließe sich allgemein ein bloß konsumierendes Rezeptionsverhalten problematisieren, wie es der vorliegende Film durch die visuelle Offenlegung alles Hintergründigen begünstigt, ein Verhalten, das sich auf Dauer nachteilig auf alle Formen produktiven Verarbeitens von Medienangeboten auswirken muss.

Opernfassung 1993

Eine zeitgerechte Dramatisierung der Novelle ist Walter Steffens mit seiner Oper gelungen, die am 31. Januar 1993 am Dortmunder Opernhaus uraufgeführt wurde. Im Zentrum steht der Einzelne, der in seinen verzweifelten Versuchen, sich selbst zu finden und zu verwirklichen, am Unverständnis und an der Unbarmherzigkeit der Gruppe zerbricht. Die Dorfgemeinschaft erscheint als das schicksalsbestimmende Kollektiv. In seinem Wirkungskreis ist die Tragödie des Individuums von vornherein besiegelt. Nicht um den Konflikt zwischen Ich und historischer Gesellschaft geht es, sondern eher ungeschichtlich um den letztlich unlösbaren Konflikt zwischen der Einzelpersönlichkeit und dem zu allen Zeiten gleichen determinierenden Gruppendruck. Ausdruck der kollektiven Übermacht ist die herausragende Stellung des Chors.

Die Oper wird zum Spiegel des individuellen Anspruchs auf unbedingte Selbstverwirklichung, der jedoch tragisch an den komplexen Bedingtheiten menschlichen Daseins scheitert. Sie ist der Abgesang auf die Erfüllungsträume des sich selbst setzenden Ichs zwischen ersehnter Achtung und erlittener Ächtung, zwischen dem Wunsch nach Applaus und der sich wirklich ereignenden Ausgrenzung. Das „musikalische Volksdrama" wird zur Parabel des modernen Wunschtraums der Selbstbestimmung, den die fremdbestimmenden Kräfte grausam zerstören. Je trotziger sich der Einzelne zu behaupten versucht, desto auswegloser verstrickt er sich in ein Netz von Verbrechen und Schuld. Die Oper ist die Tragödie des modernen Menschen, der sein Schicksal selbst in der Hand zu halten glaubt, während es in Wirklichkeit immer mehr Besitz von ihm ergreift, bis es schließlich Hand an ihn legt. Auf dem Weg, sich selbst aufzubauen, betreibt der Einzelne seine Selbstzerstörung, indem er gemeinsame Sache macht mit denen, die der Natur und den Menschen Gewalt antun und er so in tragischer Konsequenz selbst zum Mörder wird. Unerbittlich ziehen ihn die Natur und die Menschen am Ende zur Verantwortung. Gnadenlos erfüllt sich der Fluch der hebräischen Inschrift, magisch zieht ihn der Baum an den Ort zurück, wo er sich vergangen hat und wo er selbst vergehen wird.

Im zehnten und letzten Bild begegnet Friedrich, dessen Lebensentwürfe endgültig gescheitert sind, einer alten Frau mit den Zügen seiner Mutter, die ihm einen Strick reicht. Willig vollzieht er das, was ihm bestimmt ist. Vorher erbittet sie ein Bündel Dornenreiser zurück, das sie ihm einst gegeben und das er durchs Leben getragen hat. Die Dornen verweisen auf Schmerz und Leid, so wie auch das Leben, das die Mutter ihrem Sohn einst geschenkt, ein schmerz- und leidvolles Leben gewesen ist. Menschsein bedeutet Passion.

Friedrich, der der Mutter die Dornenreiser übergibt, fürchtet, sie könne sich an ihnen verletzen. Deutlich ist die Anspielung auf den ans Kreuz geschlagenen Gottessohn und seine leidende Mutter. Eingegangen in das letzte Bild ist der versöhnliche Geist der Eingangsverse. Das unausweichliche Leiden der „ächzenden Kreatur“[15], wie es bei der Droste an anderer Stelle heißt, ist nicht Ende, sondern Anfang, der Tod nicht sinnlose Auslöschung, sondern Erlösung. Für ein lebenslanges Leiden tauscht Friedrich einen erlösenden Tod ein:

Mein Bündel Zweige hast du lange getragen,
lange, Friedrich, so lange.
Gib 's mir jetzt wieder zurück!
Den Strick da – kannst du behalten.

Romantisierend in spätromantischen Klangfarben werden die Träume von der Selbstwerdung des Menschen ins Unendliche transzendiert. Das Subjekt, über den Tod erhoben, ist unsterblich. Das Finale bereitet die Erfüllung der romantischen Sehnsucht vor, die auch die Sehnsucht des modernen, selbstverliebten Ichs ist, jenseits des zeitlichen Scheiterns mit dem ewigen Gelingen belohnt zu werden. Die Oper endet als christlich-romantisches Erlösungsspiel. Zentral ist nicht länger das objektive Reich des Glaubens, in das das Subjekt durch einen Gnadenakt wieder aufgenommen wird, sondern das Subjekt selbst, das durch sein Leiden die Einkehr in das verheißene Gelobte Land herausfordert.

---

15 „Da ward ihr klar, wie nicht allein / Der Gottesfluch im Menschenbild, / Wie er in schwerer, dumpfer Pein / Im bangen Wurm, im scheuen Wild, / Im durst'gen Halme auf der Flur, / Der mit vergilbten Blättern lechzt, / In aller, aller Kreatur / Gen Himmel um Erlösung ächzt." In: Annette von Droste-Hülshoff: *Sämtliche Werke*. Band 2, München 1978, S. 106.

An den einzelnen Dramatisierungen ist die Entwicklung modernen Bewusstseins zwischen objektiver Bindung und subjektivem Anspruch ablesbar. Die Verfilmung stellt in diesem Zusammenhang weniger eine seriöse, zur Reflektion anstoßende Auseinandersetzung dar, sondern ein mehr auf Spannung und Unterhaltung abzielendes Angebot. Insofern umfassen die betrachteten Rezeptionsmaterialien das Spektrum von U- und E-Kunst, von Unterhaltung und Ernst, von spielerischer Entspannung und geistigem Engagement.

6. PRÜFUNGSAUFGABEN MIT MUSTERLÖSUNGEN

Unter www.königserläuterungen.de/download finden Sie im Internet zwei weitere Aufgaben mit Musterlösungen.

Die Zahl der Sternchen bezeichnet das Anforderungsniveau der jeweiligen Aufgabe.

Aufgabe 1 ***

Die Bedeutung der Zahlen in der Novelle *Die Judenbuche*: Führen Sie aus, inwiefern die Zahlen eine Rolle für das vertiefte Verständnis der Novelle spielen.

LEBENSDATEN FRIEDRICH MERGELS

Die Zahlen, genauer die Lebensdaten Friedrich Mergels, der Zentralgestalt der Novelle, spielen für das vertiefte Verständnis des Erzählten eine bedeutende Rolle. Die Erzählerin lässt ihren Helden 1738 zur Welt kommen und weicht damit ab vom Geburtsdatum Johannes Winkelhahnes, des authentischen Judenmörders, der 1763 im westfälischen Bellersen geboren wurde. Da bei der Abfassung der Novelle um das Jahr 1841 die Erinnerungen an den Kriminalfall noch allzu frisch waren – Winkelhahne hatte sich 1805 im 43. Lebensjahr erhängt – hielt es die Droste für angeraten, die Familie des Mörders zu schonen.

Um ein Vierteljahrhundert zurückverlegt, baut die Erzählerin den Lebenslauf ihrer verdeckt-fiktiven Gestalt auf, wobei die fortschreitende Datierung jeweils die Höhepunkte der Handlung markiert. 1747, Friedrich steht in seinem neunten Lebensjahr, bringt man in der Nacht die Leiche seines trunksüchtigen Vaters ins Haus, nachdem die Mutter ihrem Sohn die geltenden Vorurteile gegen die Juden und die Obrigkeit vermittelt hat.

Drei Jahre später, Friedrich ist zwölf Jahre alt, nimmt ihn sein Onkel Simon mit sich und bietet ihm eine zweifelhafte Arbeitsstelle an, die im Zusammenhang mit dem Holzfrevel in der Region steht. Der frühe Verlust des Vaters und die fragwürdige Tätigkeit leiten einen steil abschüssigen Lebensweg ein, der bereits 1756, Friedrich ist 18 Jahre alt, auf einen absoluten Tiefpunkt führt. Während einer Aktion der Holzfrevler weist Friedrich, offenbar ein Spitzel der Blaukittel, den Förster, der ihn persönlich verletzt hatte, den falschen Weg, direkt in die Arme seiner Mörder. Damit lädt er zum ersten Mal schwere Schuld auf sich, die er in der Folgezeit nur mit Mühe zu kompensieren versucht. Friedrich ist endgültig zum Komplizen der Holzfrevler verkommen. In tragischer Konsequenz vollzieht sich sein abschüssiger Lebensweg.

ABSOLUTER TIEFPUNKT 1760

Nur vier Jahre später, 1760, kommt es zum endgültigen Eklat. Mit katastrophaler Folgerichtigkeit kulminiert die Handlung und mit ihr der Lebensweg ihres Helden in der Bauernhochzeit. Das ohnehin nur vorgetäuschte Selbstbewusstsein Friedrichs erhält einen schweren Schlag, als ihn der Jude Aaron vor der ganzen Gesellschaft ermahnt, das geliehene Geld für eine teure Uhr endlich zurückzuzahlen. Scham und Schande sind das Motiv für den im Dunkeln belassenen Totschlag des Juden. Friedrichs Täterschaft aber ist unzweifelhaft. In seinem 22. Lebensjahr wird er zum Mörder; es bleibt ihm nichts als zu fliehen. Der Lebensweg Friedrichs hat seinen Tiefpunkt erreicht.

RÜCKKEHR NACH 28 JAHREN

Erst 28 Jahre später taucht er wieder auf, nachdem er die Zeit in türkischer Gefangenschaft verbracht hat. Unerkannt kehrt er am Vorabend des Weihnachtsfestes, den 24. Dezember 1788, in sein Heimatdorf zurück, wo man in ihm Johannes Niemand, den Vetter Friedrichs zu erkennen glaubt. Durch den Gutsherrn erfährt er, dass man Friedrich selbst inzwischen für unschuldig am Judenmord hält. Mit Botengängen schlägt er sich in der Folgezeit durch, bis er eines Tages über Gebühr lange ausbleibt. Erst vierzehn Tage später entdeckt man den vermeintlichen Johannes, der sich in einer Buche erhängt hat. Eine breite Narbe weist ihn für den Gutsherrn eindeutig als Friedrich Mergel aus. Seine Leiche wird auf dem Schindanger verscharrt, ein spätes Urteil über den, den man nun doch für den Mörder des Juden Aaron hält.

WIDERSPRÜCHLICHE DATIERUNG VON FRIEDRICHS TOD

Widersprüchlich und rätselhaft ist die Datierung des Endes. Ereignet haben soll sich der Erhängungstod im September des Jahres 1788, nachdem die Erzählerin Friedrich bereits im Dezember 1788 zurückkehren ließ. Das Ende kann daher nur in das Jahr 1789 fallen. Die Droste aber ist bei der widersprüchlichen Datierung geblieben; auch der Verlag hat daran keinen Anstoß genommen. Der Versuch einer Erklärung muss daher vor allem die symbolische Aussage der vorgenommenen Datierung berücksichtigen. Im Unterschied zum authentischen Judenmörder lässt die Erzählerin Friedrich Mergel fünfzig Jahre alt werden. Auf diese Zahl legt sie offenbar großen Wert und nimmt für sie sogar den auf der Hand liegenden Widerspruch in Kauf.

VERWEIS AUF DAS FÜNFTE GEBOT

Im zeitlichen Zusammenhang mit der Entstehung der *Judenbuche* steht die Ballade *Die Vergeltung,* in der ein Passagier am Holz eines Galgens hingerichtet wird, der die Überschrift „Batavia Fünfhundertzehn" trägt. Es ist derselbe Balken, von dem der jetzt zum Tod Verurteilte einst den Kranken ins Meer gestoßen hatte. Die Zahl 510 verweist auf das fünfte Gebot: „Du sollst nicht töten." Verurteilt wird der Mensch durch den symbolischen Zahlenverweis, der anderen Gewalt antut und sie tötet im Widerspruch zum göttlichen Gebot der Liebe. Die zusammengesetzte Zahl 510 wiederholt sich beim Lebensalter Friedrichs: 50. Auch Friedrich Mergel hat tödliche Gewalt angewendet, einmal gegen den Juden, der ihn tief verletzt hat, und zum andern gegen sich selbst. Zweimal verstößt er gegen das fünfte Gebot. Sein Lebensalter von fünfzig Jahren (fünf mal zehn) verweist auf eine schwere Schuld, die den Mörder am Ende einholt und ihn an der Gnade Gottes verzweifeln lässt.

Aufgabe 2 **

Die Heimat – ein Alptraum: Diskutieren Sie, inwiefern dies für Friedrich Mergel zutrifft.

DAS DORF ALS AGGRESSIVER LEBENSRAUM

Friedrich Mergel wird in eine Welt der Vorurteile und Vorverurteilungen hineingeboren. Das Dorf ist kein idyllischer Ort, kein friedliches Refugium, sondern ein durchaus aggressiver Lebensraum, in dem Oben und Unten sowie unterschiedliche ethnische Gruppen zusammenstoßen, kontroverse Eigentumsvorstellungen herrschen und der Einzelne auf seine Frustrationen zerstörerisch bzw. selbstzerstörerisch reagiert. Schon als Heranwachsender lernt Friedrich von der Mutter, dass alle Juden Schelme, durchtriebene Kerle seien, und die Förster die freie Nutzung der Naturschätze verwehrten, die in Wahrheit allen gehörten. Angesehen sind nur die ansässigen Dorfbewohner selbst. Mit solchen Urteilen ausgestattet, wächst Friedrich heran. Seine materielle Bedürftigkeit und sein Streben nach sozialem Erfolg halten ihn von kritischen Fragen ab und lassen ihn die Vorurteile übernehmen.

DIE ROLLE DES ONKELS

Schon früh weist ihn sein Onkel, einer der Anführer der Holzfrevler, in die aggressive Lebenswelt ein. Die jungen, abgeschlagenen Bäume des Waldes, den er mit dem Onkel durchquert, verweisen auf die sinnlose Zerstörung, aber auch auf die Beschädigung des Heranwachsenden, dem, konfrontiert mit den Voreingenommenheiten seiner Umwelt, die Chance auf Selbstbestimmung verwehrt ist. Heimat ist kein Ort der persönlichen Entwicklung und der Geborgenheit. Vielmehr gilt es, auch gegen geltendes Recht sich durchzusetzen und sich um jeden Preis Vorteile und Überlebenschancen zu verschaffen. Zwar bleiben die folgenden Tätigkeiten Friedrichs im Dunkeln. Unzweifelhaft aber ist seine Komplizenschaft mit den Holzfrevlern.

HEIMAT ALS HERAUSFORDERUNG

Die sich anschließende Handlung selbst, jeweils vorangetrieben von den Aktivitäten Friedrichs, erwächst aus den bestimmenden negativen Einflüssen auf den jungen Menschen, über den entschieden wird, ohne die Chance, selbst zu entscheiden. Er ist der Bestimmte, nicht der Bestimmende, unter dem Druck erstickender Lebensbedingungen. Heimat ist Herausforderung, der Ort, an dem es sich durchzusetzen und zu behaupten gilt gegen vorgefasste Urteile. Wer arm ist, über kein Eigentum verfügt, steht ganz unten in der Bewertungsskala.

MORDE

Nachdem der Förster Friedrich und dessen Familie herabgesetzt hat, weil ihnen nichts gehört, schickt der innerlich Verletzte ihn in den sicheren Tod. Eine tiefe persönliche Verletzung bildet auch das Motiv des Mordes am Juden Aaron. Bei der Bauernhochzeit mahnt er Friedrich, das Geld zurückzuzahlen, das er ihm für den Kauf einer teuren Uhr geliehen hat. Mit einem Mal stürzt das Ansehen des Aufsteigers wie ein Kartenhaus zusammen; die erlittene Schmach lässt Friedrich zum Mörder werden. Heimat kennt weder Verständnis noch Gnade. Wer den Maßstäben nicht gerecht wird, den stellt sie an den Pranger. Nicht Achtung erfährt er, sondern Ächtung. Recht haben immer nur die mit den gültigen Maßstäben Konformen. Der wohlhabende, angesehene Wilm Hülsmeyer ist es, der Friedrich in einem Wortwechsel die peinliche Frage stellt, ob die Uhr bezahlt sei, und ihn dadurch vor allen anderen blamiert. Wirkliche Integration gibt es nur für die Angepassten. Gegen den vermögenden Bauern hat Friedrich in seiner offenbaren Bedürftigkeit keine Chance. Der Mord am Juden aus verletztem Selbstwertgefühl vertreibt Friedrich endgültig aus der Welt, in die er hineingeboren ist, und macht ihn heimatlos.

NACH DER RÜCKKEHR

Als Friedrich nach vielen Jahren zurückkehrt, bleibt er ein Außenseiter, dessen wahre Identität man nicht erkennt. Erst nach seinem Erhängungstod erkennt man ihn und bestattet den Selbstmörder auf dem Schindanger. Noch nach seinem Tod wird der Einzelne, der den Maßstäben seiner Umwelt nicht gerecht wurde, nicht aufgenommen in die heimatliche Gemeinschaft. Er bleibt ein Ausgestoßener und Entgrenzter, dem man Anerkennung und Achtung verweigert. Die Novelle erzählt von der Tragik des von außen bestimmten Individuums.

GEWALT ALS DOMINIERENDES ELEMENT

Dem Leser begegnet in der *Judenbuche* eine Welt, in der der Mensch dem Mitmenschen fortgesetzt Gewalt antut, in der Egoismus, Engstirnigkeit und die Brutalität der Stärke herrschen. Heimat wird zum Alptraum, Frömmigkeit zur Heuchelei. Der erlittene Hass kulminiert im Selbsthass und pervertiert das christliche Gebot, den Nächsten wie sich selbst zu lieben. Verhindertes Wachstum und die Beschädigung des Einzelnen rufen Aggression und Angst hervor.

DARSTELLUNG DER SINNLOSIGKEIT

Die Welt, lieb- und mitleidlos, in einer tiefen Wert- und Sinnkrise, ohne eine erkennbare humane Zukunft, beginnt, modern zu werden, nachdem die Träume von Freiheit und Humanität ausgeträumt sind und der Rausch des Ideals verflogen ist. Die Droste ist eine Dichterin auf der Schwelle zur Jetztzeit. Sie zeigt den Menschen verwickelt in eine Gesellschaft, die in der Unmenschlichkeit und Hoffnungslosigkeit stagniert. Übermächtig zu werden drohen die Verunsicherung und die Angst. Sinnlos scheinen Leben und Tod.

FAZIT: DIE NOVELLE ALS ANREGUNG ZUM NACHDENKEN

Die Judenbuche ist ein Krisenspiegel des modernen Menschen und zugleich Anstoß, kritisch nachzudenken über den unverzichtbaren Sinn von Heimat, Integration, Ich-Identität, Toleranz und Achtung vor dem Leben. Vielleicht fordert gerade die schonungslos objektive Darstellung der Krise des Menschen und der Menschlichkeit in der historischen Novelle dazu heraus, auch den aktuellen Gesellschaftszustand illusionslos unter dem Aspekt seiner Veränderungsbedürftigkeit zu betrachten.

Aufgabe 3 *

Die sinnbildhafte Umwelt: Legen Sie dar, inwieweit die Umwelt zum Sinnbild für die Handlung wird.

FEHLENDE ÖFFNUNG NACH AUSSEN

Eine ausführliche Darstellung der Umwelt, der geografischen Lage und des Dorfes leitet die Novelle ein. Über die Anschauung, die sie bietet, hinaus wird sie zum Sinnbild der inneren Verfassung der Bewohner. Sie ist Ausdruck eines realistischen Erzählstils, der den Menschen mit seiner Umwelt eng verbindet, ihn gleichsam aus ihr herauswachsen lässt. Auffällig ist die Abgeschlossenheit des Landstrichs, die abgeschiedene Lage des Dorfes B. in der durchaus reizvollen Waldschlucht. Die geografische Begrenzung und die fehlende Öffnung nach draußen bedingen notwendig eine gewisse Beschränktheit der dörflichen Bewohner, deren Vorstellungen von Recht und Unrecht vor allem subjektiv geprägt sind und im Widerspruch stehen zum objektiven gesetzlichen Recht. Eine Reflektion des eigenen Standpunkts findet nicht statt. Zu sehr sind die Einwohner eingebunden in ihre vertrauten Lebensgewohnheiten und Denkweisen, als dass sie zu einer Revision ihres Verhaltens bereit wären.

FEHLENDES UNRECHTS-BEWUSSTSEIN

Eng verbunden mit der Natur, in der die Bewohner leben, gehen sie aus vom Allgemeinbesitz an allem, was heranwächst, sodass sie selbst den Holz- und Jagdfrevel durchaus für angemessen halten. Ein Unrechtbewusstsein gibt es nicht. Maßstäbe setzend ist nicht das übergeordnete Recht, zu dem die Bewohner aufgrund ihrer eingeschränkten Lebensweise keinen Zugang haben, sondern das voreingenommene, subjektive Selbstverständnis.

VERWAHRLOSUNG ALS PRÄGENDES BILD

In diese Umwelt wird Friedrich Mergel hineingeboren, dessen Name bereits auf den Boden verweist, auf dem er heranwächst. Verräterisch ist der vernachlässigte Zustand des Hofes und des Elternhauses. Verkommenheit herrscht überall vor, und Unkraut verdeckt das Kraut. In verengender Blickführung, von der geografischen Beschränktheit bis zur häuslichen Verwahrlosung, entsteht ein Bild der Unordnung und Verwilderung, das den Heranwachsenden notwendig negativ beeinflussen und prägen muss. In einer stürmischen Nacht, die Dramatik des Geschehens unterstreichend, bringt man die Leiche des Vaters ins Haus, das unter der Wucht des Windes nahezu weggetragen zu werden droht. Unsicher und gefährdet scheint das Leben der Menschen in der allgemeinen häuslichen Verwahrlosung. Bereits die äußeren Lebensbedingungen lassen eine positive Entwicklung Friedrichs nicht zu.

FRIEDRICHS ZUKUNFT SYMBOLHAFT IN DER NATUR VORWEGGENOMMEN

In Begleitung seines Onkels Simon durchquert Friedrich eine düstere Waldschlucht auf schlüpfrigem Boden. Der Mond bescheint die Spuren verheerender Holzwilderei. Friedrichs Lebensweg beginnt deutlich in den persönlichen Abgrund zu führen und jeglichen festen Halt zu verlieren. Die abgeschlagenen Bäume verweisen auf zerstörtes Leben, auf die Zukunft des Heranwachsenden. Eine Buche liegt quer über dem Weg, eine Eiche mit hohlem Stamm steht mitten auf der Lichtung, beide vorausweisend auf das Schicksal Friedrichs, auf seine Aushöhlung und auf seinen Erhängungstod. Sein äußerer Aufstieg während der Arbeit bei seinem Onkel, der ihn offenbar als Spitzel der Blaukittel einsetzt, scheint sich in einer positiven Wendung des sinnbildlichen Ausdrucks niederzuschlagen.

SYMBOLISCHE KONTRASTFÜHRUNG

Bei der Begegnung mit dem Förster beginnt das Licht des Mondes bereits schwächer zu werden. Ein neuer Morgen kündigt sich an. Allerdings nicht für Friedrich, der kurz darauf den Förster in die Irre schickt und damit sein erstes schweres Verbrechen auf sich lädt. Trotz der Zweifel des Försters schickt er ihn an der Buche entlang, dem Baum, der in der Novelle mit Gewalt und Tod verbunden ist. Die symbolische Kontrastführung zwischen der Ankündigung des Morgens und der Verwicklung Friedrichs in das nachfolgende Verbrechen wiederholt sich bei der Bauernhochzeit.

DIE NATUR IN AUFRUHR

Der milde Herbst bringt einen üppigen Reichtum an Korn und Wein hervor. Alles scheint auf Erfüllung hinzuweisen. Nicht so aber Friedrichs Geschick. Kurz nachdem er die Hochzeitsgesellschaft verlassen hat, vom Juden Aaron zutiefst verletzt, verwickelt er sich in sein zweites schweres Verbrechen, indem er in blinder Vergeltung den Juden erschlägt. Bei Blitz und Donner, in einer dramatischen Szene, entdeckt die Frau Aarons die Leiche ihres Mannes. Die Natur in Aufruhr verweist auf die schwere, widernatürliche Tat.

RÜCKKEHR IM WINTER

Im tiefsten Winter kehrt Friedrich nach 28 Jahren in sein Heimatdorf zurück. Hoher Schnee und beißender Frost lassen die Umgebung in einem unwirtlichen Licht erscheinen und weisen den Heimkehrer gleichsam zurück. Versöhnung und Gnade scheinen ihm verwehrt.

DIE UMWELT ALS SPIEGEL VON FRIEDRICHS LEBEN

Im September, die Felder sind bereits leer und das Laub beginnt abzufallen, erhängt sich Friedrich im Bewusstsein, dass ihm kein neuer Lebenssommer mehr bevorsteht. Die Verweise aus seinen jungen Jahren, die Verwahrlosung seines Elternhauses, die Verkommenheit der Lebensverhältnisse und die frevlerisch zerstörte Natur erfüllen sich im persönlichen Untergang. Die Umwelt ist zum Spiegel eines Lebens in der Krise geworden, zum zukunftsgewissen Orakel der tödlichen Katastrophe.

Aufgabe 4 ***

Prosa und Poesie, Erzählung und Kommentar: Setzen Sie sich mit diesen Begriffen auseinander.

BERICHTEND UND DIALOGISCH

Der tragische Lebenslauf Friedrich Mergels von seiner Geburt bis zu seinem Erhängungstod wird durchgehend erzählt in einer realistischen Erzählprosa, die vorgibt, sich ausschließlich an das wirklich Geschehene zu binden, dem die Erzählerin nichts hinzufügen noch etwas davon wegnehmen kann. Der Erzählstil wechselt zwischen berichtenden und mehr dialogischen Partien.

DOKUMENTARSTIL

Besonders auf den Höhepunkten der Handlung schlägt der zeitraffende Bericht in den zeitdeckenden bzw. zeitdehnenden Dialog um. Die Wiedergabe der Fakten und die authentische Vorstellung der Personen in wörtlicher Rede formen das Spannungsgefälle der Erzählung. In der *Judenbuche* dominiert über weite Strecken der dokumentarische Stil, der Authentizität suggeriert mit dem Ziel, einen gewissen gesellschaftlichen Zustand durchschaubar zu machen. Gestalt gewinnt eine frühe realistische Novelle, die sich ausschließlich in wirklichkeitsgetreuen Räumen und unverklärten Verhältnissen bewegt. Es entsteht ein charakteristisches Profil von Heimat, in das der Einzelne wie selbstverständlich integriert ist und das sein Verhalten formt und prägt. Insofern treten Inneneinblicke zugunsten äußerer Erkennbarkeit zurück. Deutlich akzentuiert wird das Bemühen um objektive Wiedergabe bei Reduzierung bloß subjektiver Stellungnahmen und Reflektionen. Entscheidend bleibt der Lebens- und Handlungsraum, wie ihn die realistische Erzählprosa dokumentiert.

VERSEINFÜGUNGEN

An zwei Stellen fügt die Erzählerin Verse in die Prosa, die das Erzählte auf Distanz rücken, indem sie es kommentieren bzw. von einer höheren Warte aus reflektieren. Sittlicher Maßstab ist die

Toleranz und die Nächstenliebe des Neuen Testaments. Gerade die Unvollkommenheit des Menschen und seine Verfallenheit an den Irrtum sollten ihn davon abhalten, Menschen in existenzieller Not zu verurteilen. Unmöglich ist es, den ganzen Umfang ungünstiger Einflüsse und ihrer subjektiven Verarbeitung zu überschauen. Schon gar nicht ist derjenige dazu berechtigt, der in glücklichen Umständen lebt und vom wirklichen Elend der Unglücklichen nichts weiß. Nicht um das Verurteilen geht es, sondern um das Verstehen. Nur das Erbarmen mit den Menschen in Not kann dem Zusammenleben menschliche Züge geben. Das aber, was die Novelle erzählt, steht in scharfem Kontrast zum Geist der Eingangsverse. Das Sittengemälde, wie es die Erzählerin sah, ist vor allem eine sittliche Abrechnung mit der Gnadenlosigkeit einer engherzigen, unchristlichen Gesellschaft. Sie ist das Zerrbild des Glaubens, wie ihn das Neue Testament formuliert.

VERACHTUNG STATT NÄCHSTENLIEBE

An die Stelle der geforderten Nächstenliebe tritt die Menschenverachtung, die den erbarmungsbedürftigen Mitmenschen noch nach seinem Tode verfolgt. Der christliche Glaube macht nur dann Sinn, wenn er zum Prinzip des eigenen Handelns gemacht wird. Während die Prosa von dem erzählt, was der Fall ist, sind die Verse Ausdruck dessen, was sein sollte, aber im wirklichen Leben keinen Platz findet.

WEIHNACHTEN

Unwiderstehlich aber ist die Hoffnung auf Wiedergeburt und Erlösung, wie sie mit dem Weihnachtsfest verbunden ist. Am Heiligen Abend 1788 kehrt Friedrich Mergel nach 28 Jahren in sein Heimatdorf zurück. Inmitten von Eis und Schnee schallt ihm aus den Häusern ein altes Weihnachtslied entgegen: „Ein Kindelein so löbelich…". Wenn auch die Menschen keine Gnade zu kennen scheinen, so öffnet die Botschaft des Glaubens doch Perspektiven der letztlichen Erlösung aus der Hölle des Lebens. Die gilt auch für den Judenmörder, der an den Ort des Verbrechens zurückkehrt. Versöhnung wird allen zuteil, die sich zu ihrer Schuld bekennen und aufrichtige Reue zeigen.

Selbst wenn man Friedrich später nach seinem Erhängungstod keinen Platz auf dem Kirchhof an der Seite der unbescholtenen Dorfbewohner einräumt, ist er doch aufgehoben in der versöhnlichen weihnachtlichen Erlösungsbotschaft. Der Vers wird zum Ausdruck einer im Glauben begründeten Hoffnung, einer Versöhnlichkeit, die im äußersten Gegensatz zur gnadenlosen Vergeltung der Inschrift in der Judenbuche steht. Das gläubige Vertrauen aber in ein letztliches Heil für alle triumphiert im christlichen Bewusstsein über das alttestamentliche Rachedenken und öffnet den Blick für das uneingeschränkte Erbarmen. Die Poesie artikuliert einen Zustand, der in der Prosa des Alltags nicht anzutreffen ist, der aber für den, der glaubt, sein sollte und am Ende auch sein wird.

LITERATUR

Zitierte Ausgaben:

Droste-Hülshoff, Annette von: *Die Judenbuche. Ein Sittengemälde aus dem gebirgichten Westfalen*. Husum/Nordsee: Hamburger Lesehefte Verlag, 2011 (Hamburger Leseheft Nr. 15, Heftbearbeitung F. Bruckner und K. Sternelle).

Droste-Hülshoff, Annette von: *Die Judenbuche. Ein Sittengemälde aus dem gebirgichten Westphalen.* Anmerkungen von Walter Huge. Stuttgart: Philipp Reclam jun., durchgesehene Ausgabe 2010 (Reclams Universal-Bibliothek Nr. 1858).

Briefe:

Droste-Hülshoff, Annette von: *Werke. Briefwechsel.* Historisch-kritische Ausgabe. Herausgegeben von Winfried Woesler. Tübingen: Niemeyer, 1978 ff.

Schulte-Kemminghausen, Karl (Hrsg.): *Die Briefe der Annette von Droste-Hülshoff.* Gesamtausgabe. Band 1 und 2. Jena: Diederichs, 1944. Reprografischer Nachdruck Darmstadt: Wissenschaftliche Buchgesellschaft, 1968.

Quelle der *Judenbuche:*

Haxthausen, August von: *Geschichte eines Algierer-Sklaven.* In: *Wünschelrute. Ein Zeitblatt.* Herausgegeben von H[einrich] Straube und J[ohann] P[eter] von Hornthal. Göttingen 1818, Nr. 11–15.

Biografien:

Freund, Winfried: *Annette von Droste-Hülshoff.* München: dtv, 1998.

Heselhaus, Clemens: *Annette von Droste-Hülshoff. Werk und Leben.* Düsseldorf 1971.

Maurer, Doris: *Annette von Droste-Hülshoff. Biographie.* Meersburg 1996.

Wirkungsgeschichte:

Woesler, Winfried (Hrsg.): *Modellfall der Rezeptions-Forschung. Droste-Rezeption im 19. Jahrhundert. Dokumentation, Analysen, Bibliographie.* Erstellt in Zusammenarbeit mit Aloys Haverbusch und Lothar Jordan. Band 1 und 2. Frankfurt am Main/Bern/Cirencester 1980.

Gesamtdarstellungen:

Freund, Winfried: *Annette von Droste-Hülshoff. Was bleibt.* Stuttgart 1997.

Gundolf, Friedrich: *Romantiker. Neue Folge.* Berlin 1931.

Schneider, Ronald: *Annette von Droste-Hülshoff.* Stuttgart 1977.

Staiger, Emil: *Annette von Droste-Hülshoff.* Frauenfeld 1933, 2. Auflage 1962.

Einzeluntersuchungen zur *Judenbuche:*

Bernd, Clifford Albrecht: *Enthüllen und Verhüllen in Annette von Droste-Hülshoffs Judenbuche.* In: Untersuchungen zur Literatur als Geschichte. Festschrift für Benno von Wiese. Herausgegeben von Vincent J. Günther, Helmut Koopmann, Peter Pütz, Hans Joachim Schrimpf. Berlin 1973, S. 347–362.

Freund, Winfried: *Der Außenseiter „Friedrich Mergel". Eine sozialpsychologische Studie zur Judenbuche der Annette von Droste-Hülshoff.* In: Zeitschrift für deutsche Philologie, 99, 1979, Sonderheft, S. 110–118.

Freund, Winfried: *Heimat, ein Alptraum. Annette von Droste-Hülshoff: Die Judenbuche.* In: ders. (Hrsg.): Deutsche Novellen. Interpretationen von der Klassik bis zur Gegenwart. München 1993.

Geißler, Rolf: *Aufbau einer Unterrichtsreihe auf der Basis der Judenbuche von Annette von Droste-Hülshoff.* In: Literatur für Leser, 81, 1, S. 18–36.

Henel, Heinrich: *Annette von Droste-Hülshoff. Erzählstil und Wirklichkeit.* In: Festschrift für Bernhard Blume. Aufsätze zur deutschen und europäischen Literatur. Herausgegeben von Egon Schwarz, Hunter G. Hannum und Edgar Lohner. Göttingen 1967, S. 146–172.

Koopmann, Helmut: *Die Wirklichkeit des Bösen in der Judenbuche der Droste. Zu einer moralischen Erzählung des 19. Jahrhunderts.* In: Zeitschrift für deutsche Philologie, 99, 1979, Sonderheft, S. 71–85.

Krauss, Karoline: *Das offene Geheimnis in Annette von Droste-Hülshoffs Judenbuche.* In: Zeitschrift für deutsche Philologie 114, 1995, S. 542–559.

Moritz, Karl Ph.: *Annette von Droste-Hülshoff: Die Judenbuche. Sittengemälde und Kriminalnovelle.* 2., durchgesehene und erweiterte Auflage, Paderborn 1989.

Oppermann, Gerhard: *Die Narbe des Friedrich Mergel. Zur Aufklärung eines literarischen Motivs in Annette von Droste-Hülshoffs Die Judenbuche.* In: Deutsche Vierteljahrsschrift für Literaturwissenschaft und Geistesgeschichte, 50, 1976, Heft 3, S. 449–464.

Pongs, Hermann: *Möglichkeiten des Tragischen in der Novelle. 3: Seinstragik: Schelers Theorie des Tragischen. Annette von Drostes Judenbuche.* In: Jahrbuch der Kleist-Gesellschaft 1931/32,

S. 57–75. Neudruck in: Pongs, Hermann: *Das Bild in der Dichtung*. Band 2. Marburg 1939, 2. Auflage 1963, S. 202–218.

Rölleke, Heinz: *Annette von Droste-Hülshoff: Die Judenbuche (1842)*. In: Interpretationen: Erzählungen und Novellen des 19. Jahrhunderts. Band 2, Stuttgart 1990, S. 7–39.

Schneider, Ronald: *„Laß ruhn den Stein". Sozialpsychologische und psychoanalytische Aspekte zur Interpretation der Judenbuche.* In: Zeitschrift für deutsche Philologie, 99, 1979, Sonderheft, S. 118–132.

Silz, Walter: *Annette von Droste-Hülshoff, Die Judenbuche.* In: ders.: Realism and Reality. Studies in the German Novelle of Poetic Realism. Chapel Hill 1954, 2. Auflage 1962, S. 36–51 und S. 158 f.

Wiese, Benno von: *Annette von Droste-Hülshoffs Judenbuche als Novelle. Eine Interpretation.* In: Festschrift für Jost Trier zu seinem 60. Geburtstag am 15. Dezember (1954). In: ders.: Die deutsche Novelle von Goethe bis Kafka. Interpretationen. Band 1. Düsseldorf 1956 u. ö., S. 154–175 und S. 346.

Wiese, Benno von: *Porträt eines Mörders. Zur Judenbuche der Annette von Droste.* In: Zeitschrift für deutsche Philologie, 99, 1979, Sonderheft, S. 32–48.

Wolf, Erik: *Vom Wesen des Rechts in deutscher Dichtung. Hölderlin, Stifter, Hebel, Droste.* Frankfurt am Main 1946.

Verfilmung:

Die Judenbuche. BRD 1980.
Regie und Drehbuch: Rainer Horbelt

STICHWORTVERZEICHNIS